保阪正康

戦争の近現代史

日本人は戦いをやめられるのか

GS
幻冬舎新書
700

はじめに

二十世紀の人類史は、それ以前の世紀とはいくつかの点で大きな相違があります。この相違というのは、全体的にいうならば、理論や哲学、あるいは科学的根拠など、知性、理性の面で動く世紀だったという意味になるでしょう。したがって新たな時代に適応するためには、それらを受け入れざるを得なかったとも言えるわけですが、一面で十九世紀までの価値観が崩れたというのが本質的な見方と言ってもいいでしょう。

本書のテーマの一つでもある「軍事」について考えてみますと、二十世紀は次のような形の「戦争論」が前面に出てきたと言っていいのではないかと思います。

箇条書きにしてみます。

一、戦争は「罪過《ざいか》」であるとの認識が広まり、政治的な解決手段ではないとの結論に達している。

二、大量殺戮兵器が登場することで、戦争が人類破滅の意味を持つに至った。

三、市民社会の成熟した形が出来上がり、ヒューマニズム思想が普遍化し常識となる。
四、戦争は地域化し、世界的な全面戦争の形は取らない状態になっている。
五、戦争の産業化によってコストの側面から戦争の形態が考えられる事態になった。

さしあたり、このような意味を持つ方向に軍事は位置づけられるようになったと言っていいでしょう。そしてこれが基本的な戦争観とするならば、さて二十一世紀はいかなる形に変化していくのだろうか、というのが現在の重要なテーマだと思えます。

そして次に重要なのは、戦争否定の歴史的精神として、前述の五点の戦争論の背景にある思想的根拠を考えるべきでしょう。私たちはこの精神と感情をどのようにして、現実に適応させていくかを考えていかなければならない時代に入っていると考えるべきなのです。それは今世紀の大きな宿題でもあります。

戦争を否定するには様々なアプローチがありますが、たんに感情的な戦争否定は必ずしも常に有効性を持つわけではない。それは政治的対立や民族的確執、さらには経済的計算の衝突に至った時には、あっけなく雲散霧消しかねないほど弱いと断言できます。これは第二次世界大戦前のドイツのワイマール憲法下の平和主義の崩壊を見ても容易に理解できることです。あるいは日本社会では日露戦争前の内村鑑三らの非戦論の崇高さはなぜ受け入れられなかったか、を見てもいいと私は思います。そこで改めて人類が達している現在の状態を見ることで、ここから冷静に一歩ずつでも進んでいくべきなのです。

こう考えますと、本書で強調していることでもあるのですが、今ロシアによるウクライナ侵攻という現実を見ていて、私たちは二つの問題への態度が問われていると感じられます。一つは「核抑止力下の平和論」の危機です。もう一つはドイツ（プロイセン）陸軍の将軍だったクラウゼヴィッツの「戦争論」の崩壊と新たな戦争論の確立を急がなければならないということです。両方の論は、ひとまず危機に瀕しているのです。

前述の二十世紀の五点を見ていこうというのは、実はこの二つの論に向き合い、新しい局面打開の方法や理論を模索していかなければならないことを意味します。このことは日本だけでなく、世界のあらゆる人たちに迫られている基本的な大命題と言っていいのではないでしょうか。本書がこうした問題を考える一助になればと、私は願っているのです。

本書がそのような意味を持つと考えれば、私たちは自己の存在を確実なものにするために「戦争論を戦争否定論に高める」ことを考えていくことです。私がしばしば講演で話をする「戦争を選択すること自体が敗北である」という見方は、戦争否定論がたどり着く一つの結論でもあると信じています。この考えを思想や哲学にまで高めたい、誰もが納得する次元にまでもっていきたいと、私は考えるのです。

どのような思想、哲学が二十世紀を動かし、そして二十一世紀につながっていくのであろうか、を考えるのは、先の命題を考える際の重要な柱にもなり得ます。さしあたり「ダーウィンの進化論」「フロイトの心理学」「マルクスの資本論」などが二十世紀を動かしてきたと言えますが、日本ではどのような考え方が近現代の主軸になってきたのだろうかを考えることが必要です。そしてその主軸の思想や哲学を大切に育てていきたいと思うのです。

たとえばマルクスの「資本論」はレーニンとスターリンによって運動化されました。しかし、マルクスの論は利益の分配、労働の崇高さ、さらには極めて重い経営の責任などを説いていると見れば、やがて労働者よりもむしろ資本の側（経営の側）がその一部をとりいれていくと思えます。

日本の近現代の思想を振り返り、理解し発展させていくことは、日本人による日本社会の骨格作り、そして日本史の常識的な継承、という軸の構築に、私たち一人一人も参加しなければならないということでもあるのです。

著者識

戦争の近現代史／目次

DTP　美創

プロローグ

新しい時代が始まる

「戦う遺伝子」が爆発する理由

人類はなぜ戦争をするのでしょうか。

種の保存のためにも、人間同士は殺し合わない方がいいはずです。しかし、集団、とくに国家間での争いは、今日も絶えることはありません。

むしろ人類が誕生して以来、戦いの歴史は繰り返されています。ホモ・サピエンス誕生から約二十万年におよぶ歴史のなかで、なぜ戦争を回避する智恵が人類の遺伝子に刷り込まれなかったのでしょうか。人間は争いの火種を、常に抱えながら生きる宿命にある生物なのかもしれません。

だとすれば、人類は繰り返される争いを智恵と道徳、そして理性で解決していかなくてはなりません。こうした能力は、天が与えてくれた、人類だけが持つものです。戦争とは人類の弱さや醜さの反映ではありますが、それを知性や理性で克服すべしというのが、これまでの人類史が語りかける教訓ではないかと思うのです。少なくとも私は、歴史を検証して追体験することで、そうした実感を持つに至りました。

生物にとって生きるために戦うことは不可避であり、戦闘こそ人類の遺伝子に組み込まれていると説く論者もいます。戦争は、その遺伝子が集約的に「爆発」して起こるものだとする説ですが、その爆発には三つの理由があると言います。

一つ目は、縄張りの確保です。縄張りとは自分が生きていく空間のことですが、少し具体的に言えば、食物を確保できるとともに、仲間がいて安心できる空間です。そこに入ってくる敵を排除するため、戦うことになります。

二つ目は、隠れ家です。隠れ家とは、縄張りの中に作った自分の巣です。そこにいると精神的に安定し、生存が一〇〇パーセント保証されるのが「巣」であり、人間はそれを守るために戦います。

三つ目は、種族の保存です。ただし、これは動物によって異なり、テリトリーのなかで交尾する相手を確保すると近親相姦になるため、成人化したオスは出ていくなど、種によって様々なルールが存在します。

このように人類には「戦う遺伝子」があるとする説の一方で、文化、哲学、思想が発展し、共存するための良識を身につけることで、やがてその遺伝子は消えていくとする考え方があります。

令和四年（二〇二二）八月十五日は、終戦から七十七年でした。戦後日本は、曲がりなりにも一貫して現在の非軍事憲法体制の下で歩んできました。第九条で戦争放棄を掲げ、戦争とは無縁の国家として存在し続けたのです。これこそ知性、理性によって武力を用いないと宣言した具体例だと言えるでしょう。

江戸時代の約二百七十年間、日本は大きな「戦争」を体験していません。幕末の段階で、長州とアメリカ、イギリス、フランス、オランダの列強四カ国（四国艦隊下関砲撃事件）、また薩摩とイギリス（薩英戦争）の戦闘はありましたが、国家レベルでの対外戦争はしてこなかったのです。「戦う遺伝子」をコントロールする力が発揮されていたと言えるのではないでしょうか。

しかし、「鎖国」を解いた後の日本は、西欧列強と同じ帝国主義への道を選択しました。やがて軍部が大きな力を持ち、日本全体を対外戦争に向かわせています。「戦う遺伝子」は、消えていなかったのです。では、江戸時代に約二百七十年も対外戦争をしないできた智恵があったのに、それがなぜ明治時代以降に活かされなかったのでしょうか。

江戸時代の智恵を近代史に刻んでプラスに転化すれば、新しい時代の哲学や思想を作れたはずです。しかし、そうはならなかった。

そればかりか、明治・大正・昭和の戦争を振り返ったとき、言葉は悪いですが、何て愚かな戦争をしたのだろうと思うしかありません。「愚かな」とは、言葉通りの意味ではなく、「何と錯誤に満ちた歴史を積み重ねたのだろう」ということです。

それを物語る一つが、「記紀（古事記と日本書紀）に返る」ことの称揚です。

「神国として日本は運命づけられているのに、武家が政権を取ると、武士階級は天皇に対して忠誠を誓うのではなく、主君に対して忠誠を誓うという大きな過ちを約八百年続けてきた。我々はそうではない。本当の原点に返った」

「記紀に返る」とは、このような思想のあり方です。つまり「天皇に忠誠を誓うこと」を正統としているのですが、今日から見れば、それは「原点に返った」のではなく、そのように考えること自体が「原点で錯誤を犯している」のです。この時代に生きた軍人や政治家たちは、日本の歴史の具体的な事象をきちんと見ていなかったのかと言いたくなるほどです。

今、私たちに必要なことは近代史の総括であり、それには唯物史観のような欧米からの視点ではなく、日本的な独自の視点が大切だと考えます。

日本の近代史が良いとか悪いとか、価値判断を下そうと言うのではありません。日本的な視点で捉えない限り、本物の「歴史の教訓」は得られないのです。戦前までの皇国史観のような、これまでの歴史解釈に強い影響をおよぼしてきた思想を全部取り払って、歴史のファクトを踏まえていくことが大事だろうと思います。

日本の歴史教育の問題点

これまで学校の日本史の授業は、古代史から始まって、三学期の終わり頃にようやく明治維新にたどり着くような教え方でした。近代史に入ると、「後は自分で勉強しなさい」で済ませるケースが多かったのではないでしょうか。

　授業内容にしても、鎌倉幕府がいつ開かれたとか、関ヶ原の戦いはいつだったとか、「歴史の勉強」は年号を覚えることとほぼイコールといった状態でした。

　また、昭和五十三年（一九七八）の学習指導要領の改訂から、高等教育で日本史は必修科目でなく、選択科目とされました。その後、平成元年（一九八九）の改訂では「地理」「日本史」のうち一科目を必修としましたが、「地理」を選択すれば日本史を学ぶことはありません。つまり、高校で日本史を詳しく学ぶ必要がなく、その結果、日本史をまったく知らない生徒が数多く大学に送り込まれたのです。

　私は大学の講師として教えたことがあるのですが、「日本史を知らないという以前に、歴史の一般常識がないのではないか」と思うような学生がいました。

たとえば「明治の次は昭和」と答えてしまう。その間に大正が抜けていることがわからないのです。大政奉還や王政復古という、近代日本がスタートしたときの重要な用語も知らなかったりします。

このような歴史教育を自国の若者に行い、とりわけ現代日本に深く関係する近代史を教えてこなかったのはなぜか。理由は単純です。日本の近代史を教えると、日中戦争や太平洋戦争が「侵略か、侵略ではないか」という歴史認識の問題を避けて通れないからです。歴史教育で、文部科学省と日本教職員組合（日教組）が真っ向からぶつかる点です。

どちらが正しいかという議論はこの際どうでもよいことで、本質的な問題は「政治的な理由で、自国の歴史を子供に教えることを避ける」という無責任さにあります。

幸いなことに令和四年（二〇二二）四月から、高校での歴史教育がまったく違う形に変わりました。近現代史を「世界とその中の日本」という相互的な視野で捉え、「近代化」「国際秩序の変化や大衆化」「グローバル化」に焦点を当てて、先生が一方的に教えるだけでなく、史料を使って学び、生徒に調べさせる授業にしたのです（新科目「歴史総合」）。

「先生が教えるのではなくて、生徒に調べさせる授業」にすることで、生徒が自分の考えを持ち、ディスカッションをする歴史教育がようやく始まったのです。

ただし、それがすぐにうまくいくとは限りません。

これまでの歴史教育を克服するには、歴史教育を学校の専有物にするのではなく、「日常生活のなかに、歴史の勉強をするきっかけがある」というあり方に変えていこうとする認識が重要だと思います。

日本に軍事哲学はあったのか

令和四年（二〇二二）二月二十四日に起こったロシアのウクライナ侵攻——これを見ていて強く感じるのは、「私たちは昭和前期の歴史検証をもっと徹底的にやるべきだった」ということです。

昭和の初めから十年代にかけて、軍事指導者たちがいかに多くの過ちを犯したかということについて、徹底的に検証して容赦ない批判をしなければなりません。彼らの過ちが、日中戦争、太平洋戦争という形で国際社会において、多くの犠牲者を生んだと言っていいのです。

「彼らも国のために一生懸命やった」というのは、また別問題です。批判は批判としてきちんとしておかないと、私たちは歴史から教訓を得ることができません。

その徹底的に批判すべき点の一つが、「近代日本が軍事哲学、軍事思想を作れなかったこと」、つまり「戦争学」がなかったことです。あったのは「勝つまで戦争する」という極めて狭い発想だけです。これでは軍事哲学も軍事思想も作れるはずがなく、ここに日本の軍事指導者の大きな欠陥がありました。

また、太平洋戦争を含め、近代日本が経験した戦争の教訓を語るとき、極めて一面的な見方になっているように感じます。戦争に対する忌避の感覚が前面に強く出て、本質的なことが語られていないのです。戦争に対する生理的な嫌悪感は、それはそれで大事にすべきですし、現代の日本国民の一つの特徴です。ただし、「時代に即応して変化すること」を考えなければいけません。

つまり、私たちの国の戦争体験を理解して次の世代につなぐには、戦争を歴史として振り返るだけでなく、新しい時代に提起される問題を考えるための道標として理解し直す必要があるのです。そうすることで、日本の近現代史を通じて、私たちなりの「戦争学」を培っていくことができると思います。

近代史七十七年、現代史七十七年

日本の近現代史を考える上で、近代史は明治元年（慶応四、一八六八）から昭和二十年（一九四五）八月まで、現代史は昭和二十年九月からウクライナ侵攻の始まった令和四年まで、と私は理解しています。

西暦にするとわかりやすいのですが、近代史は一八六八年から一九四五年までの七十七年間、現代史は一九四五年から二〇二二年までの七十七年間です。

二〇二二年まで、「現代史の七十七年間をつないでいくと、どういう未来になるのだろうか」と思っていました。ところが今は、「国際社会における現代史が終わり、次の歴史が始まるのではないか」と考えるようになりました。つまり、人類史が新しい時代に入るという予感がしているのです。ロシアのウクライナ侵攻は、まさしく「新しい時代」への変化をもたらすものです。

これまでは核抑止力で、世界平和は維持できると言われてきました。しかし、核大国であるロシアのプーチン大統領は、ウクライナ侵攻の過程で「核の脅威」をちらつかせ、同じく核大国アメリカのバイデン大統領が「核兵器を使うことは許されない」と牽制する状況が続いています。

プーチンが核兵器を使用することはないと私は見ていますが、もし使ったならば、「核抑止力」という言葉は死語になり、「核抑止力で平和を維持する」という戦争論に代わる、新しい戦争論なり抑止論が出てこなければならなくなります。

奇《く》しくも、それが日本の現代史で七十七年目の二〇二二年に生じました。まさに人類の歴史は大きな変化の時を迎えていると言っても過言ではありません。二十一世紀は、これから先七十年以上ありますが、二十二世紀までの間に、これまでとは違う形の世界に変わっていくという予兆を、私は強く感じます。

もちろん、「軍事を一切考えなくてよい」という平和主義の立場を否定するつもりはありません。

「攻められたら、武力行使を放棄し、参ったと言って戦わない。その結果、国民を一人も死なせずに済む。私たちの国の国家的な利益は損なわれるだろうし、侵略してくる傍若無人な国の実験材料にされることもあるだろう。それでもかまわない。平和憲法の精神を守るということは、そういうことなのだ」

賛成、反対は別にして、憲法を擁護する人たちのこのような意見も耳にします。それはそれで筋が通っています。あえて言えば、「奴隷の平和」を甘受すべきということになります。ですが、すべての日本人がその意見に納得するわけではない、ということもまた現実です。歴史の検証は、あくまで現実に起こっている状況と向き合いながら進めていくべきものです。

以上のような考え方を前提に、日本の近現代史を振り返りながら、私たちが手にするべき「戦争学」を考える「よすが」を、本書では探していきたいと思います。

第一章 「明治時代」と二つの戦争

近代の日本は「軍事」から始まった

日本の近現代史における戦争として、まず明治時代の日清戦争（明治二十七年〈一八九四〉勃発）、日露戦争（明治三十七年〈一九〇四〉勃発）という二つの戦争を、「日本がアジアを侵略した」という従来の教科書的な語り方とはまったく違う視点から見ていきます。

大政奉還、王政復古を経て、慶応四年（明治元、一八六八）に明治新政府が誕生しました。

明治維新は軍事クーデターだったと言えます。ただ、幕府側が江戸城を明け渡し、完全に旗を降ろしてしまったので、戊辰戦争は東北において続きましたが、国を二分するような長い内戦にはなりませんでした。この新しい政府を支えるため、明治四年（一八七一）、薩摩・長州・土佐などの兵が中心になって、「御親兵」という天皇の軍隊が組織されます。後の近衛師団です。

明治十年（一八七七）に最後の内戦である西南戦争を経験した後、明治十五年（一八八二）の軍人勅諭によって日本の陸海軍が「天皇の軍隊」であると周知されます。さらに、同十五年には外国軍人を雇って陸軍大学校を発足させ、参謀将校を養成する教育機関が創設されました。

一方、政治の面を見ると、明治十八年（一八八五）に太政官制を廃止して近代的な内閣制度を作り、第一次伊藤博文内閣が誕生します。明治二十二年（一八八九）には大日本帝国憲法が発布され、明治二十三年（一八九〇）には初の衆議院議員総選挙を経て、第一回帝国議会が開かれました。

つまり、軍の組織や機構が先に出来上がった頃に、ようやく政治体制が機能しはじめたと言えます。換言すれば、「軍事が政治より二十年ほど先行してスタートした」のであり、近代日本の不幸の一つはここにあります。

この「軍事先行」の国家体制によって、日清戦争と日露戦争は行われました。「軍事先行」とはいうものの、やみくもに戦争を仕掛けていたわけではありません。戦争遂行の根幹にあるのは、「主権線と利益線」を守るという考え方です。

日本の主権のおよぶ範囲は北海道・本州・四国・九州の四つの島と沖縄であり、これを「主権線」と言いました。主権線を守るために必要とされたのが「利益線」です。利益線を押さえなければ、主権線の安全が確保されないと考えられていました。

この考え方は、明治二十三年（一八九〇）に山縣有朋内閣の施政方針演説で提示され、利益線の保持は日本という国家の基本方針の一つとなりました。地域としては、朝鮮半島に沿海州（日本海側のロシア領）、それから満州も含んでいました。

これを日本の支配下に置く、ないしは日本の支配力がおよぶ範囲にしておかないと主権線が守れないというわけです。

明治二十七年（一八九四）から二十八年にかけての日清戦争も、明治三十七年（一九〇四）から三十八年にかけての日露戦争も、「主権線と利益線」の確保という基本方針に基づいています。

日清戦争は朝鮮をめぐって清国と、日露戦争は満州の権益をめぐってロシアと戦ったもので、いずれも日本が軍事上は勝利しました。利益線地域を日本の支配下に置くことにより、主権線を守ることに成功したのです。

山縣有朋の施政方針演説で示された基本方針は昭和まで生き続け、昭和二十年（一九四五）の敗戦で四つの島という主権線の他は放棄させられ、日本の近代が終わります。

明治元年（一八六八）から始まった七十七年間の日本近代史は、明治二十三年（一八九〇）の山縣有朋の演説を基点とした軍事による膨張政策が、昭和二十年（一九四五）に破綻していく歴史であった、と言うことができるでしょう。

中国との戦い方を知っていたイギリス人

日清戦争と日露戦争は、十八世紀、十九世紀に植民地収奪の帝国主義戦争を繰り返してきた西欧列強が、やらなかった種類の戦争です。

「小国は大国に勝てない」という世界の常識を破って、日本は日清・日露の戦争で勝利を手にしましたが、西欧列強は「何を考えているのだろう」と冷めた目で見ていたと思います。

まず、日清戦争から見ていきます。西欧の帝国主義列強は、次々に中国をターゲットに侵略戦争を仕掛けて各地に権益を確保していきました。当時の清国は、近代的な軍事力が話にならないほどお粗末で、これといった列強への対抗策もありません。西欧列強は中国を「眠れる獅子」と侮り、一段低く見ていました。

形骸化して機能しない清国の軍隊が相手なら、西欧列強が戦争に勝つのは明らかです。しかし、列強は軍事力で首都北京の占領をめざすとか、内陸部に侵攻して支配地を拡大するということはしませんでした。その代わり、沿岸部の土地を租借し、自国の法律で管理しました。

上海では「犬と中国人は入るべからず」という看板を立てたという話もありますが、とにかく沿岸部の主要港をおさえ、自治権や治外法権を許された租界を作ったのです。局地支配はしても、中国全体を支配しようとはしていないのです。

西欧の帝国主義戦争は、「投下した資本に対して、見返りがどれぐらいか」という計算から入ります。つまり大兵力を送って中国を全面的におさえても、膨大なコストに見合うだけの利益がないとわかっていたのです。

さらにそれだけでなく、列強諸国は、古代から長らく戦争が続いてきた中国の軍隊が持つ非道さを知っていたからだ、とする説があります。イギリスやスペインの当時の戦史の翻訳本を読むと、列強が中国を徹底的に研究していたことがわかります。

ここでは、代表的なイギリスを例にしましょう。

中国は秦の始皇帝が紀元前二二一年に初めて統一王朝を樹立する前から、群雄割拠の戦乱が続いており、戦争に次ぐ戦争の状態でした。戦乱が二千七百年以上にわたって続いてきた中国は、イギリスとは戦争に対する考え方がかなり違っています。

イギリスの資料には、「中国の戦争の仕方は我々と違う」とはっきり書かれています。

ここで言う「戦争の仕方」とは、戦闘の内容、敵との具体的な戦い方のことですが、兵士レベルでは「イギリスから見ると、かなり残酷な形が続いている」と記述されています。ヨーロッパでは、戦闘のなかで騎士道の精神が生まれ、文明と補完し合いながら戦争のルールが出来上がっていきました。もちろん戦争ですから残酷な側面はあります。しかし、中国の残酷さは、ヨーロッパの残酷さとは異質だと考えたのでしょう。

「ヨーロッパとは違う戦いを目にしたイギリスの兵士たちは、中国的な残酷さに精神のバランスを崩す。兵士の精神のバランスが崩れれば、軍隊の秩序、モラルが崩れる。その危険がわかっていたから、本格的な戦争をやらなかった」

　というのが結論だったようです。

　ご存じのように、イギリスと清国はアヘン戦争を行いましたが、「租界地だけを自分たちの支配下に置く。部分的に利益を得ればいい」というイギリスの中国政策は、そこに立脚しているのです。ある意味で巧妙です。

　私はこの説に注目しています。なぜなら、日中戦争で南京に進んだ日本の二つの部隊を調べてわかったことがあります。二つのうち、Ａという部隊は残酷なことをやり、Ｂという部隊は残酷なことを何一つしていません。

　その違いは「中国軍の非道さ」に関係していました。Ａ部隊は行軍のとき、事前に部隊より先に進んでいろいろなことを調べる斥候を出していました。

だいたい二十人ぐらいの兵隊が出たのですが、中国軍に見つかって殺されています。そして南京へ向かう道端で、二十メートル、三十メートルごとに、腕と脚を切られた斥候の遺体が、だるまのように置かれていたという記録があるのです。嫌な話ですが、性器を切られて口の中に入れられている遺体もありました。

それを見たA部隊の日本兵がおかしくなって、前後の見境も善悪の区別も失い、「中国人に何をやってもいい」というふうになってしまったと考えられます。B部隊は、そういうことに出合っていないので、一定のモラルが保たれたのでしょう。

惨殺された仲間を見れば、イギリスの兵隊だって頭がおかしくなり、中国兵に何をするかわからない。だから、「中国との全面戦争は避けた方が良い」という方針を取ったと言うのです。帝国主義的な狡猾さですが、説得力を感じさせる話だと言えます。

一方、日本は、中国と戦うことの「本当の怖さ」を知らなかったのではないかと思います。「戦争観の違い」は「文化の違い」だと思いますが、ここで強調しておきたいのは、イギリスのような先進的な帝国主義の国には、それをきちんと研究する軍事学があったということです。

軍事が主導する国家へ

清国の兵隊と朝鮮半島で戦った日清戦争は、清国の士気が低く、日本軍は清国軍を破り、至る所を軍事的に制圧していきました。

昭和五十五年（一九八〇）頃、日清戦争に従軍した元兵士の話を聞いたことがあります。当時は一部で銃撃戦があったとしても、ほとんどが白兵戦でしたが、中国の兵隊は一〇〇パーセント逃げたと言うのです。「どうしてこんなに戦わないのだろうと、私たちは不思議でした」と、その元兵士は言っていました。

一方で日本兵は清国軍に捕まってしまうと、どのような運命をたどるかわからないと恐怖感に襲われ、必死に戦ったのです。

また、清国が撃った大砲の弾がほとんど爆発しなかったという話があります。日本の将校が調べたら、砲弾には火薬でなく砂が入っていた。それは西欧の武器商人たちから買ったものらしく、中国はそこまで侮られていたと言っていいでしょう。

砂の入った砲弾は、直接当たらなければ死ぬことはありません。いくら弾が飛んで来ても怖くないから、日本兵は恐れずに前進し、清国の兵隊はみな逃げ散ったのです。

また清国軍には急ごしらえの徴用兵が多かったのに対し、日本軍は練度でまさっていたことも戦況を大きく有利にしました。日本軍は朝鮮半島から清国軍を追い払うことに成功し、黄海海戦などで清の北洋艦隊にも完勝し、明治二十八年（一八九五）四月、下関条約が結ばれて講和が成立します。

清国は朝鮮独立を承認させられ、台湾、遼東半島の割譲と、二億両（約三億円）の賠償金を支払うことになりました。しかし遼東半島は、ロシア・ドイツ・フランスの三国干渉によって清への返還を余儀なくされ、日本は「臥薪嘗胆」をスローガンにさらに軍事力強化に邁進します。

日清戦争から十年後に起きた日露戦争は、明治三十三年（一九〇〇）にかけて起こった北清事変（列強の進出に反発した中国民衆の排外運動。義和団事件とも言われる）鎮圧のためにロシアが満州に進出し、その後も居座り続けたことから、日本は「利益線」を守るためにロシアとの戦争に突き進みます。

このとき、ロシア皇帝は「庭にスズメでも取りに行くようなもので、日本の軍隊はすぐ抑えられる」と言ったといいます。つまり、「ちょっとした揉め事に、本格的な派兵をする必要はない」という感覚でいたわけです。

それは当然の感覚で、ロシアは当時のヨーロッパでも屈指の軍事大国でした。大国ロシアとの戦争は、勝つにせよ負けるにせよ、大変な損害と犠牲が見込まれるため、ヨーロッパ各国は、そう簡単にロシアとの戦争を選択できなかったのです。

ところが、日本は何と戦争に踏み切ったのです。世界中が驚いたのは当然のことで、「日本とロシアのどちらが勝つか」という欧米の勝敗予測の賭け率は、圧倒的にロシア有利でした。まさか、本当に戦争をするとは思えないほどの軍事力の差だったのです。

しかし、日本は陸軍が奉天会戦、海軍が日本海海戦という歴史的な戦いでロシア軍を破り、何とかロシアに勝ちました。しかし勝つには勝ったのですが、アメリカの斡旋によるポーツマス条約で講和が成立したに過ぎず、ロシアは本格的に負けたと思っていません。結局、日清戦争のような賠償金は取れませんでした。

それでも、「勝った」という結果を出したので、「大国ロシアを破った日本はどんな国なのか」と、国際社会からの注目が一気に集まります。アジアの小国によるこの勝利は、西欧の植民地支配を受けている世界の国々の革命家たちをおおいに励ましました。

しかし、勝つことによって、私たちの国は大きな錯誤を犯しました。軍事が主導する国家、軍事がすべてを支配する国家へと走り出してしまったのです。

戦争は「営業品目」という発想

もう一つ、日本の錯誤を取り上げておきます。日清戦争、日露戦争で「戦争は儲かる事業である」と考えたことです。その結果、戦争がこの国の最大の「営業品目」になりました。戦争に勝って賠償金を獲得し、領土を拡大して制圧した地域の資源を手に入れることが、国家最大の利益を得る方法だと安易に考えてしまったのです。

近代に入ると、帝国主義国の先駆けである西欧列強は、戦争に慎重な姿勢を取りはじめました。政治の下に軍事を置くシビリアンコントロールが一般化し、「政治で話がつかない場合、軍事的に動く」という順番になったのです。戦争はあくまで経済を発展させる「市場獲得」のためのものになり、政治の了解があってから軍事行動を行う形に変化していきました。

ところが、日本はそうはならず、「国家が豊かになるためには戦争をやればいい」、つまり戦争によって国家的な利益が拡大すると考えました。日清戦争と日露戦争を通して、「戦争をすることによって、興産立国、産業立国が実現できる」と覚えてしまったのです。

日露戦争を戦ったのも、国家防衛のために戦うという意味もありましたが、もし勝つことができれば、多くの賠償金を取れると考えたからでした。日清戦争では国家予算の一・

五倍もの賠償金を取りましたし、その国が持っている権益を奪って確保できることも「利益」と捉えられました。

こうして一にも二にも「最大の営業品目は戦争」という国に、日本はなったのです。

「戦争が国家最大の営業形態」だったのは、二十世紀にあっては日本だけです。「敵を倒すためなら悪魔とでも手を結ぶ」と権謀術数をめぐらしたヒトラーでさえも、投下する資本との相関関係のなかで戦争を考え、イギリスやフランスと同じ視点で戦争を位置づけていました。

日本はまず戦争を起こし、資本を次々に注ぎ込んでいきます。勝てば賠償金でまかなえばいいと考えたからです。第一次世界大戦を経験して昭和に入ると、その傾向は一段と強まっていきました。

しかし戦争は、勝たなければ利益はゼロです。それどころか、投じた資金はすべて水の泡となります。だから、勝つまでやるしかない。「営業品目」と言いましたが、要するに博打と同じです。戦争が博打になってしまうという最悪の戦争理論に、日本は傾斜していったのです。

それは三年八カ月続いた太平洋戦争を見れば明らかです。ミッドウェイ、ガダルカナル、連合艦隊司令長官・山本五十六の死、そしてサイパン陥落と、ここまで戦況が劣勢に陥ったら、「日本に勝つチャンスはなくなった」と考えるのが普通です。しかし、軍の指導部は本土決戦を唱えて戦争を続けようとしました。

負けたら天皇制がどうなるかわからないし、国が海外に持っている権益を全部失います。場合によっては、日本本土である四つの島も取り上げられるかもしれません。そういうことを全部含めて、「最後までやる以外にない」となったのですが、まさに「勝つまでやめられない博打」のようだったと言えるでしょう。

この「勝つ見込みのない戦争」を遂行し続けたことも、私は「営業」という視点で捉えています。「他社が完全にマーケットを支配しているところに、なぜ出ていくのか」と言っていたら、営業は始まりません。先行する相手をつぶしながらでも、自社のマーケットを広げていくのが営業活動でしょう。日本の戦争もそういうところがあったのです。

私の世代では、「石油がなく、物量差も圧倒的なのに、なぜアメリカと戦争をしたのか。勝てるわけがない」という見方が主流でした。私も昭和史を検証しながら、そう考えていたのですが、鈴木貞一《ていいち》という元陸軍中将を取材していて、「我々の世代の戦争に対する受け止め方を変えなければいけない」と思ったことがあります。

鈴木は開戦時の企画院総裁（第二次・三次近衛内閣の国務相兼企画院総裁、東條内閣で留任）で、東條英機の子飼いと言っていい人でしたが、大本営政府連絡会議、御前会議などにも出席した陸軍のトップクラスの人物です。

企画院は、戦時経済体制を推進する国策を計画・立案・調整する内閣直属の機関で、昭和十二年（一九三七）に設置されたのですが、日本の石油の備蓄量、錫《すず》や鉄の供給状況といったことを調べて、御前会議などで報告しました。

ただし、陸軍も海軍も詳しい数字を教えないので、企画院の出した数字が正しいとは言えないのですが、一応原価計算に類することを担った組織です。そのトップを務めた鈴木に、「アメリカとの物量差が圧倒的で、負けると思われるのに、なぜ戦争したのですか」と、私は質問しました。

すると、彼は意外なことを言いました。

「逆だろう。それだけの物量の差があるから戦争をしたのだ。それがあのときの日本だよ」

そして、「物量の差があるから、アメリカやイギリスの言いなりになるんだ。自分たちの言い分を通そうとするなら戦争以外にないだろう」「物量の差を埋めるために戦争をするんだ。勝つとか負けるとかというのは次の問題で、物量の差があって勝つわけがないのに、なぜ戦争したのかということを論じる意味はない」という趣旨の説明をされました。

それを聞いて、「博打のようなものですね」と言ったら、鈴木は不快な表情になりましたが、「弱いからこそ、戦争をやらなければいけなかった」という考えに驚かされると同時に、その根幹に「戦争は営業品目」という発想があると感じたのです。

一番重要な「見えない戦争論」

この何十年間、私は日本近現代史の軍事を調べたり、考えたりして、著述してきたのですが、結局、日本の戦争論の根幹をなす「ものの見方」は、今でも西洋的な解釈が主だと思います。

「圧倒的な物量差があるから、アメリカと戦争をやっても勝つわけがない。それなのに、なぜ戦争をしたのか」というのは、西洋的な「ものの見方」です。

それはその通りなのですが、「どうして勝つわけのない戦争をやったのか」を追究するとき、それだけでは見えてこないものがあり、別の視点が必要だと私は考えます。

明治・大正・昭和の戦争を見直す際に、「西洋的なものの見方」とは別の「新しい視点」を持たなければならないのです。

たとえば、「我々の国にとって軍とは何なのか」「軍はどうあるべきか」を考えるとき、憲法などの法的な原則、軍の組織原理といった視点から議論されます。しかし、その議論は、「我々の国にとって軍の持つ意味とは何なのか」を明確にしてから始められるべきです。

「軍は国民の生命と財産を守る」、あるいは「戦争は国家資本主義の最大の営業品目であり、軍はこれを遂行することで利益を生み出す」等々、軍の持つ意味をきちんと考えなければいけません。そこを曖昧にしておいて、軍事機構を作り、戦略を持つことに一生懸命になっていれば、現実の状況とズレが出てくるのは当たり前ではないでしょうか。

これは言わずもがなですが、戦争を人間の諸悪が凝縮したものとする感性的な戦争論、戦争をヒューマニズムに反する行為としての反対論は、それはそれで大事です。

しかし、そのように論じている限りでは、見えてこない「戦争論」があります。その「見えない戦争論」が、実は私たちにとって一番重要なのではないか。日本は、それを考える国でなければならないと思っています。

軍人たちの戦争の考え方とは何だったのか

話が逸れて恐縮ですが、戦後にアメリカから「軍隊を持たない」という憲法案を示され、それがもとになって今の日本国憲法が成立し、公布されました。このとき、すでに帝国陸海軍は解体していましたが、ほとんどの元軍人は激高し、嘆き悲しんだと言われます。しかし、なかには「これが良い」という反応をした人物が少数ながらいました。具体的に三人挙げてみましょう。

まず、元陸軍中将・遠藤三郎です。

遠藤は航空総監として、戦争の終わり頃に「一機でも多く飛行機を作ろう」と鉢巻をして、小学生も軍需工場に動員した人物です。しかし戦後、社会党よりも社会党的な非武装中立を唱え、「軍が諸悪の根源である」と言いました。軍人仲間からは、かなり排斥されたそうです。

二人目は、日本陸軍のなかでもっとも軍事学に精通していた元陸軍中将・石原莞爾《かんじ》です。石原は満州事変を起こし、「軍がなければ国家は存在しない」と考える軍人の典型のように思われていますが、非武装をうたう日本国憲法ができたときに、「この憲法で良いではないか」と言っています。

石原の論理は、次のような内容です。

「国民は民族的な伝統精神や感傷的な気分から一時は軍備撤廃を悲しく思うであろうが、戦いに敗れた以上はキッパリと深く軍をして有終の美をなさしめて、軍備を撤廃した上、今度は世界の世論に、われこそ平和の先進国であるぐらいの誇りをもって対したい。

将来、国軍に向けた熱意に劣らぬものを科学、文化、産業の向上に傾けて、祖国の再建に勇往邁進したならば、必ずや十年を出でずしてこの狭い国土に、この膨大な人口を抱きながら、世界の最優秀国に伍して絶対に劣らぬ文明国になりうると確信する。世界は、この猫額大の島国が剛健優雅な民族精神をもって世界の平和と進運に寄与することになったら、どんなにか驚くであろう。こんな美しい偉大な仕事はあるまい。

かかる尊い大事業をなすことこそいわゆる天業恢弘《てんぎょうかいこう》であって、神意に基くものである。われわれは領土の狭小を歎くに当らぬ。天業民族として神様から与えられたこの国以外に領土をやたらに欲しがるには及ばない。真に充実した道義国家の完成こそ、われわれの最高理想である」

これは昭和二十一年一月に、石原が著した『新日本の建設とわが理想』のなかの一節です。石原は、文明国家、道義国家として世界に冠たる国家になろうと呼びかけているのです。軍事国家の道は捨てろ、ということにもなります。

負けず嫌いの性格だったこともあるでしょうが、「最終的に人類は軍隊を持たなくなる」と言っていた石原らしい考えだと思います。

三人目は、「マレーの虎」と言われた元陸軍大将・山下奉文《ともゆき》です。

山下は太平洋戦争の初期にシンガポールを陥落させ、その後でフィリピンに置かれた第十四方面軍司令官となりました。敗戦後はBC級戦犯の罪に問われ、昭和二十一年（一九四六）に処刑された、日本のBC級戦犯第一号です。

処刑の一週間前に書いた彼の手記を入手して、私は『文藝春秋』に寄稿したことがあります。この手記は、アメリカのバージニア州ノーフォークにあるマッカーサー記念館で、令和元年（二〇一九）に公開されたものですが、そこで山下は「我々の軍隊には反省すべきことが多い。委員会を作り、日本の軍隊はどういうところが悪かったのかを反省してもらいたいが、その委員会には一つだけ条件がある。決して我々のような軍人を入れてはいけない。軍人を入れないで、日本を徹底的に検証して欲しい」と記しています。

山下の言わんとしたことの一つは、「我々は戦争をもてあそんだ」ということです。

つまり、「戦争を営業品目にした。戦争とはそういうものではない」ことを教訓にしてほしかったのでしょう。彼ら三人が言い残したことを、私たちはきちんと理解する必要があります。

反省すべき軍のエゴイズム

私はこれまで、かなりの数の元軍人に会ってきました。そのなかには、反省はしていても、公には口に出さない人が少なからずいました。しかし訪ねていって話を聞いていると、「旧軍には問題があった」と、ほとんどの人が言います。

彼らの言う「問題」にはいろいろな意味が含まれていますが、共通するのは、「軍人があらゆる分野に顔を出し、軍事主導体制でこの国を動かそうとしたこと」です。ただし、元軍人たちの話にもその立場によって差があり、「国民も悪かった」と言って、話をすり替える人もいました。

日清・日露戦争の後、日本が列強の一国になっていくときの国民の浮ついた気持ちは、軍が培養したと考えるべきですが、そういう軍のエゴイズムを反省すべきだと言う人と、それに気づけない人がいたのです。

それでも、問題提起をする軍人たちのなかには、自分たちの軍隊が西欧の軍隊と比べ、いくつもの間違いを犯していたことを率直に認め、自己批判を含めて語る人が少なからず存在しました。

そういう人たちの意見は後世への重い忠告であり、日本人が歴史を考えるときのヒントになると、私は受け止めています。

吉田茂首相の時代に日本の再軍備をめざして、クーデターを画策した元大本営参謀・服部卓四郎のように、いつまで経っても「軍事は国家の営業品目である」と思っている人に、大きな顔で発言してほしくありません。そういう発言は、許すべきではないのです。

第二章　「大正時代」と第一次世界大戦

世界大戦は前後半で分ける

大正三年（一九一四）、ヨーロッパで第一次世界大戦が勃発します。

二十世紀前半に、大正三年（一九一四）から大正七年（一九一八）までの第一次世界大戦と、昭和十四年（一九三九）から昭和二十年（一九四五）までの第二次世界大戦の二つの世界大戦がありました。しかし、私はこの二つを「前半と後半に分かれた連続した戦争」と捉えています。この「つながり」を見ていくことによって、第一次世界大戦の意味合いもよくわかってきます。

第一次世界大戦のきっかけは、大正三年（一九一四）六月二十八日、オーストリア＝ハンガリー帝国の皇太子夫婦が、セルビア王国の青年に暗殺されたサラエボ事件です。これをきっかけにオーストリア＝ハンガリー帝国がセルビア王国に宣戦布告し、周辺の複数の国を巻き込んだ世界大戦に発展します。

セルビア王国はロシア帝国の支援を受け、ロシアと三国協商を結んでいたフランス、イギリスがセルビア側で参戦しました。そこにイタリアが加わり、後にアメリカが加わっています。

一方、オーストリア＝ハンガリー帝国は、ドイツ、イタリアと三国同盟を結んでいましたが、イタリアは脱退し、セルビア側に加担します。しかしロシアと敵対関係にあったオスマン帝国が同盟側で参戦しました。

それぞれの国が利害関係から戦争状態に入り、ヨーロッパ全土が戦争に巻き込まれたのですが、その際、アフリカの各国の植民地でも両陣営に分かれた戦争が勃発し、世界的規模に拡大していきました。

ちなみに当然ながら、当時は「第一次世界大戦」とは言われていません。「大戦争」「世界戦争」と呼ばれており、ヒトラーがポーランドに攻め入って第二次世界大戦が勃発した昭和十四年（一九三九）九月一日以降に「第一次」と位置づけられました。このとき、「あのときの大戦争は第一次世界大戦で、今度の大戦争が第二次世界大戦ではないか」と考えられたわけです。

第一次世界大戦が始まった当初は、一週間もすれば片付くだろうと見られていました。ところが、戦争は四年間続き、どの国も国家財政は破綻し、膨大な犠牲者を出しました。『流れ図 世界史図録ヒストリカ』（山川出版社）を見ますと、ドイツの戦死者はおよそ百八十万に達しています。

その他の同盟国側の戦死者数を挙げていくと、オーストリア＝ハンガリー帝国はおよそ百二十万人、オスマン帝国がおよそ三十万人。一方、連合国側を見ると、イギリスがおよそ九十万人、フランスはおよそ百三十万人でした。

ちなみに、日本は日英同盟の関係から参戦し、チンタオ（青島）のドイツ軍基地や南洋諸島のドイツ領を攻略しています。日本の死亡者数は、およそ三百人と推測されています。

二十世紀初めは人類史の曲がり角

第一次世界大戦のきっかけとなったオーストリア＝ハンガリー帝国の皇太子へのテロは、セルビア王国の民族問題に端を発しています。テロを行った青年らは、自国が帝国のハプスブルク家に隷属させられていることに怒りを持っていました。

しかし皇太子がテロで暗殺されたオーストリア＝ハンガリー帝国はもとより、ロシア帝国、オスマン帝国、ドイツ帝国のいずれも、一九一〇年代はそれぞれ領土の統治者は皇帝であり、民族の独立をめざすナショナリズムは帝国支配のなかに包み込まれていました。

つまり、どの帝国でも内包する民族問題が常に沸騰しかねない状況にあったのです。それがセルビアで火がつき、いとも簡単に燎原の火となり、第一次世界大戦後にはすべての帝国が崩壊しています。

民族問題に端を発した二十世紀初頭の世界大戦は、このように歴史が大きく転換する時期に発生しました。時代背景として、従来の戦争ともっとも異なる点は、科学万能の時代が到来したことです。

十五世紀から十六世紀の「地動説か、天動説か」の議論が物語るように、かつては科学者が正しい法則を発見しても、真理は神のものであり、宗教によって人類の真理が決められていました。しかし、十七世紀後半から十八世紀にかけて、宗教ではなく、理性によって現実を理解しようとする「啓蒙の時代」が始まっていきます。

その流れのなかで、実証的な物の見方を尊ぶ「科学第一主義」という「人類史の曲がり角」が、二十世紀の初めにやってきました。神の権威が崩れることは、「物事を相対化して見る」という科学的な思想につながります。

それは、皇帝を中心とする権力の下で強かった絶対主義的な枠組みすらも相対化することにつながり、この時期の帝国の崩壊を、相対化の時代が到来したという観点から論じる説もあります。

「相対化して見る」ことは、「Aを正しいとするためには、Bを否定しなければいけない」、あるいは「AよりもBが正しいとすれば、Bが取って代わらなければいけない」という形で考えることにつながります。

物事を相対化して見るようになった「二十世紀の初め」は、たとえばイギリスの歴史家ポール・ジョンソンの書などでも説かれています。さらにヒステリー症の治療法の研究から「無意識」に着目し、精神分析の方法を研究したフロイトに源流があると指摘する説もあります。

フロイトの「無意識」の考え方は、意識の下に自覚できない領域の存在を認め、人間が心のなかに「神」とは違う深遠な世界を持つとしたことで、その精神分析の理論が絶対的存在であるはずの神を相対化したのです。

いずれにしても、人類史に刻まれるべきあらゆる形の文化的・科学的な発展が二十世紀の初めに集中的に現れていて、それが戦争をきっかけとして旧来型社会の解体現象を起こし、新しい文化、新しい科学、新しい政治技術を生むようになったと言うことができるでしょう。この点に注目しなければなりません。

「戦争」が変質した第一次世界大戦

大きく変わったという点では、戦争のあり方がそれまでとまったく違ったものに変質しました。

一つは、科学の進歩による兵器の技術革新です。新しい高射砲は十キロ先、二十キロ先まで砲弾を飛ばし、機関銃は連鎖的に弾丸を撃ち続けることができます。さらに飛行機を使った爆撃や、戦車、毒ガスまで出てきました。

また、それまでの戦争は限られた領域で、非戦闘員、すなわち一般の人がいない戦場でプロの兵士たちによって戦われていました。しかし、第一次世界大戦からは、相手の国の非戦闘員まで殺害するという国家総力戦に変わっていったのです。その点から言えば、第一次世界大戦で、人類の戦争は「新しい次元」に入ったのです。

それは、戦争の終わり方も同じです。

戦争が長引くにつれ、何のために戦っているのか、だんだんその意味がわからなくなってくると、「戦争は資本家が金儲けのためにやっている」という素朴な考え方が広く受け入れられ、社会主義思想が広まりました。

とくにロシアは、マルキシズムを信奉するレーニンの指導によって革命が起こり、社会主義国家であるソビエト連邦が誕生します。そして、ソ連はドイツにもアメリカやフランスにも与しない中立の立場を取ります。それは結果的にドイツを支援する形になるのですが、ソ連となったロシアはしばらく戦争から離れました。

一方のドイツでも社会主義運動が広まり、戦争を続ける国力が弱まり、皇帝ヴィルヘルム二世の威厳も失墜したことで、敗戦を受け入れる形になります。第一次世界大戦の終結は戦場での勝敗と言うより、参戦国内の社会状況の変化で終結が決まった側面が大きいのです。

戦争で失ったものは戦争で取り返す

四年間かけて戦った第一次世界大戦で多くの犠牲を出したことで、人類はこれまでとは違う戦争観を持つようになります。国家総力戦になって、多くの犠牲者を出す「戦争の愚かしさ」を国際社会は強く認識するようになったのです。

大正七年（一九一八）から二〜三年の間に続いた各種の国際会議を経て、一九二〇年代は国際協調路線が世界の主流になります。

たとえば、大正十年（一九二一）十一月から翌年二月にかけて、アメリカのハーディング大統領が呼びかけて、日本、イギリス、フランス、イタリア、オランダ、ベルギー、ポルトガル、中国が参加する国際会議がワシントンで開かれました。

ここで中国への対処と太平洋問題を話し合い、中国の権益に関して機会均等・門戸開放を取り決めた九カ国条約、日英同盟を廃止して、日本、アメリカ、イギリス、フランスの間で結ばれた四カ国条約、イギリス、アメリカ、日本の主力艦の比率を五・五・三とする海軍軍縮条約が締結されました。

それから、「戦争はもう嫌だ」「あんな残酷なことはやめよう」という考えから、昭和三年（一九二八）にはアメリカのケロッグ国務長官、フランスのブリアン外務大臣が音頭を取って、締結国相互の戦争放棄と紛争の平和的解決をうたったパリ不戦条約が、列強を中心に主要十五カ国が参加して締結されました。日本の立場は微妙ではありますが、締結国には入っています。

この条約には「自国の政策のための戦争を放棄」「国際紛争の平和的手段による解決」という条項が掲げられています。

しかし、大正八年（一九一九）のヴェルサイユ講和会議では、第一次世界大戦の戦争処理問題をめぐって、敗者の側に位置づけられたオーストリア、ドイツなどに、過重な領土の割譲、賠償金の請求、あるいは文化、憲法の否定といった要求が突き付けられていました。

「戦争は二度と嫌だ」と言って国際社会の平和を模索しながら、現実には勝者の側が一方的に敗者の側に過酷な状況を強いて、次の大戦への火種をまいていたのが、第一次世界大戦後の世界の特徴でした。

　第一次世界大戦から第二次世界大戦へと向かう時代の流れを追いかけると、まずドイツが第一次世界大戦を完全な負け戦と思っていなかったことが源流にあります。局地的に負けていたとしても、国家全体が敗北したという意識には欠けていて、それがゆえに、賠償金などの過酷な要求によってドイツ国民に苦しみを与えたことで、「復讐心」が燃え上がったのです。

　この「復讐心」は第一次世界大戦と第二次世界大戦の「戦間期」にあって、ドイツ国内の思想の中心と言っていいかと思います。「戦争で失ったものは、戦争で取り返す」という敵愾心《てきがいしん》をドイツに与える戦争の終わり方が、ヒトラーを生み出す「バネ」になったという見方もできます。

　このことに関して、アメリカのルーズベルト大統領は、昭和十六年（一九四一）十二月の真珠湾攻撃の後に行った演説で、「今度の戦争では、私たちには講和はあり得ない」と言いました。

第二次世界大戦でアメリカが戦った相手は、ドイツ、イタリア、日本ですが、無条件降伏するまで徹底的に戦うと宣言したのです。そして、「ドイツ、イタリア、日本の国家政治体制を解体し、我々の望む通りの国家に作り替える」と言いました。

それが意味するのは「ドイツは第一次世界大戦で負けたと思っておらず、だから戦争を挑んできたが、今度は許さない。徹底的に戦って、二度と我々に対抗してくるような国家にはしない」ということです。

このルーズベルトの演説は、敗者に敗者であることを徹底的に教え込んだ上で、戦争を終えるべきだったが、第一次世界大戦はそうではなかったと言っているのです。

また、第一次世界大戦では、「ドイツの侵略で戦争が始まった」として、ドイツが戦争責任を負わされ、裁判が行われました。ただし、裁判はドイツが自国で法廷を開いて判決を出し、有罪判決を受けた人物でも自由に拘置所から出られるようなものでした。裁判そのものが骨抜きになっていたのです。

それが「戦争裁判を敗戦国にやらせてはいけない」という教訓になり、第二次世界大戦では連合国の権限の下で裁判が行われました。

こうして見てくると、人類が電気を発明することによって新しい時代が開けたのと同じように、第一次世界大戦は、人類社会が戦争というものを通じて、新しい時代に入っていったが、戦後処理が中途半端だったために、第二次世界大戦が起こったと説明することができるでしょう。

その意味で、第二次世界大戦は第一次世界大戦と連結していて、この二つの戦争を前半と後半に分けて「二十世紀初頭の戦争」として総括するべきだと思います。

私たちはほぼ同時代ですから、第一次と第二次に分けていますが、未来には「二十世紀前半の世界戦争は……」という仕方で分析するようになるのではないでしょうか。

第一次世界大戦に日本はどう向き合ったのか

ヨーロッパが主な舞台となった第一次世界大戦は、日本の知識人にとって「遠い戦争」でした。戦争を身近に感じたのは、ドイツ兵捕虜の収容所ができた一部地方に限られています。

一方、第一次世界大戦における日本は、世界でどういう位置づけをされているのでしょうか。第一次世界大戦の研究書に、「第一次世界大戦で日本は最小のコストで最大の利益を得た」と書かれています。日本に対するある種のやっかみももちろんあるでしょうが、日本の要領の良さを皮肉っているのです。

当時、日英同盟という形で、日本はイギリスと手を結んでいました。

イギリスの商船がドイツの潜水艦によって撃沈され、物資の補給が滞ったことから、イギリスからの要請で日本は地中海に第二特務艦隊を派遣し、連合国側の輸送船団の警護を担っています。

その一方で、イギリスに頼まれたわけではありませんが、「ドイツの艦船がイギリスの艦船を攻撃するのを防ぐ」という名目で、中国のチンタオ（青島）などに出ていって、ドイツ軍を実質的に屈服させ、中国にあったドイツの権益を奪い取りました。

さらに戦後、ドイツ領だったグアム、サイパンなどの南洋諸島も日本が委任統治領として引き受けます。

こういうことから、日本が「最小のコストで最大の利益を得た」と言われるのですが、イギリスやアメリカからそう言われても仕方がないほど、日本が巧妙にふるまったのは事実です。

また、第一次世界大戦中の大正四年（一九一五）、日本政府は中国に対華二十一カ条要求を突き付けました。山東省の旧ドイツ権益の譲渡、南満州鉄道の使用期限の九十九年延長などの内容で、そのなかで第五項「懸案解決その他に関する件」にある六カ条は、のちに傀儡国家として建国した満州国と調印した日満議定書に通じるような、中華民国を保護国化しようとしていると読み取れる内容でした。

中国はこの点を強調して、「日本がこんな要求をしてきた」と国際社会にアピールします。アメリカ、イギリスに第五項の要求取り下げを求められたため、日本はこの部分を削除して中国の袁世凱政府に最後通牒として突き付け、ついに調印させます。

二十一カ条の要求を平気でやってのけたのは、日本政府が中国に対して持っている傲慢さが、軍事力の裏付けによって現れたものだと言えます。政治が軍事を利用しながら、第一次世界大戦での禁断の果実に手をつけたと言っていいでしょう。

日本がそのような国家になっていった半面、大正時代は議会制度がようやく軌道に乗ってきた時期でもありました。もちろん軍が力を持っているのですが、軍よりも議会政治が国家を動かす時代になっていきます。

第一次世界大戦中の大正七年（一九一八）に、民衆による憲政擁護運動の高まりのなか、藩閥官僚政治の影響を受けない初の本格的な政党内閣が成立しました。衆議院多数党の立憲政友会から原敬が首相に選ばれ、陸軍大臣、海軍大臣、外務大臣以外はすべて政党員を大臣にあてて組閣されました。

爵位を持たず、「平民宰相」と呼ばれた原敬首相によって、大正時代は一定の範囲で軍事を抑制する方向に進みます。

原敬が政権を握ると、元老であり陸軍創設の元帥として力を持つ山縣有朋を懐柔し、政治と軍が一体化した方向を共有することで、政治が軍事コントロールする力を持つことができました。その意味で、大正時代の日本では、軍を政治が制御する政治がかなり機能していた面があったのです。

しかし、同じ第一次世界大戦の終わり頃の大正七年（一九一八）、日本はイギリス・アメリカ・フランスとともにシベリアへ出兵します。ロシアで捕虜になっていたチェコ兵の捕虜をヨーロッパに返すというのが大義名分でした。イギリス、アメリカなど連合国側は、敵対するオーストリア＝ハンガリー帝国からのチェコスロバキアの独立を承認していたので、捕虜になったチェコ兵を解放してヨーロッパ戦線に投入しようとしました。

このとき、各国は数千人単位の派兵だったにもかかわらず、「シベリアの赤化（共産主義化）を防ぐ」と称して、日本は合計すると七万人を超える大軍を送り込みました。原首相はアメリカによる共同出兵の枠内での派兵を主張しましたが、ここは軍が政治の意向を無視し、一方的に大軍の派兵を進めたのです。

こうして見ていくと、第一次世界大戦が日本にとって多くの利益を生み、日本の得た権益が国家の柱になっていくのは、原敬内閣や軍の力と言うよりも、主に明治時代の外交政策と、日露戦争に勝ったことの恩恵が源流にあったと見るのが適切かもしれません。

天皇がいて天皇がいない時代

時代空間として、大正時代には特異な性格があります。それは「天皇がいて天皇がいない」という「空洞化の時代」だったことです。

大正十年（一九二一）十一月に二十歳の皇太子（のちの昭和天皇）が摂政となり、大正十五年（一九二六）十二月に大正天皇が亡くなるまで、天皇が執務をしない時期が続きました。

この不規則な状況のなかで、日本は国家として特異な形を示します。第一次世界大戦後に得た軍事的な権益を、次の軍事的な権益に結び付ける動きを軍が何一つ取っていないのです。それは摂政宮の下で、軍が動いていないことを意味します。

中国に得た権益、あるいは南方に得た権益を、さらに発展させたいという思惑はあったでしょうが、それを具体的に行動で示していないのは不思議な点です。

帝国議会には大正デモクラシーの民主主義的、自由主義的な空気のなかで議員になった政治家が多く、首相の原敬自身がそれを象徴する「平民宰相」と言われた人物でした。軍部や国家主義的な政党の強硬派も、第一次世界大戦の権益をもとに新たな軍事行動に移るには、動きにくい時代だったのかもしれません。

その後昭和に入るとすぐに、昭和三年（一九二八）の張作霖爆殺事件や昭和六年（一九三一）の満州事変で、軍部が謀略に走ったことを考えると、大正時代の天皇制が空洞化した時期は、軍と政治のあり方に一つの事例を示しているようにも思えます。まだ国民が政党政治を支持し、軍事を暴走させない国内の空気を醸成すれば、軍の動きを抑止できることが実証されたケースと言えるでしょう。

原敬のような政治家が辣腕を振るい続けたら軍部を抑えられたでしょうし、山縣有朋が亡くなったときにも、次の軍の指導者をコントロールできたのではないかという感じがします。

大正十年（一九二一）に原敬が国鉄職員・中岡艮一《こんいち》に暗殺されたことは、政党政治が軍をコントロールすることへの反発が、陸軍内部や親軍勢力にあったことを物語っています。注目したいのは、原を暗殺して無期懲役になった中岡が、十三年後の昭和九年（一九三四）に恩赦を受けて出獄した後のことです。彼は満州へ渡り、満州国の第四軍管区司令部に匿われたらしいのですが、要人を暗殺した元受刑者が、軍の司令部で勤務するなど、普通はあり得ません。

それはさておき、大正時代の日本が、昭和の帝国主義的な政策のあり方とは違う方向を選択する可能性は十分にありました。そもそも明治維新の段階で、日本が選択すべき国家像は、帝国主義的な道の他にも、自由民権の道、アメリカのような連邦制国家の道など、いくつかあったはずです。

政党政治が高まりを見せた大正時代も、原敬を担いで、摂政宮の周辺にいる宮内大臣などの側近たちが一緒になって軍をコントロールする力を示すことが可能だった、という見方もできるでしょう。それが長く続けば、帝国主義的な道とは別の道に日本は舵を切ったかもしれません。

そういう見方があまり詳しく整理して論じられていないことが、近現代史を見る上での日本人の欠点の一つではないかと思います。

これは空想的なたとえ話ですが、近代日本の社会を人生にたとえると、次のようになると私は考えています。

「明治元年（一八六八）に一人の赤子が生まれたとして、子供の頃からケンカが強く、腕力第一主義だった。十七、八歳の頃に政治が動きはじめたが、すでに腕白で暴れん坊の素地を身につけていて、軍は政治の下にいると言っても全然言うことをきかない。

二十七、八歳のときに中国と戦争をやり、ボクシングで言えば一回戦でノックアウト勝ちした。その後、『勝っても負けても犠牲が出るから、ロシアと戦争はしない』が世界の暗黙の了解だったが、三十七、八歳の日本は壮年で元気がいいから、世界で言われていることを何とも思わず、リングに出ていってロシアと試合をやった。

結果は引き分けのようなものなのだが、レフェリー役のアメリカが、『日本の判定勝ち』とジャッジしてくれたので、日本は勝つことができた。

第一次世界大戦があった四十六、七歳の頃は国際社会で生きる智恵がつき、かなり狡猾なことをできるようになっていたので、うまい役割を演じ、多くの国益を確保し、日本は列強の仲間入りをした」

こういう脚本が出来上がるように思うのです。

第三章

「太平洋戦争」での崩壊

誇大妄想的な世界分割案

昭和の戦争は、日本の伝統的な歴史とは相反する問題点をいくつも含んでいました。その意味では、日本の歴史の当然の形ではなく、異様性を持っていたと言えます。

昭和の戦争は、中国において始められました。

日本は中国全体を自国の支配下に置こうとし、ヨーロッパの帝国主義国が手を出さない内陸の奥深くまで攻め入っています。なぜ、そのような「帝国主義的な触手」を中国に伸ばしたのでしょうか。

これは、日本の歴史の問題だと思います。日本は元々それほど対外侵略の戦争をしているわけではありません。対外戦争は七世紀の白村江の戦い、十六世紀の豊臣秀吉の朝鮮出兵くらいであり、いずれも朝鮮、あるいは中国に対するものでした。

朝鮮半島が新羅、高句麗、百済に分かれていた六世紀、七世紀は、百済から援軍要請を受けて派兵したもので、日本から一方的に侵攻したのではありません。

十六世紀の文禄・慶長の役では朝鮮から明まで侵略しようとして戦争を始めましたが、豊臣秀吉の場合、日本に一番近い大陸にある朝鮮、明を征服して、「大帝国」を作ろうとする野望があったのではないかと思います。

明治・大正・昭和の軍人たちに、「自分たちに課せられている歴史的な役割は、朝鮮、中国を含めた地域に大帝国を作ることだ」という秀吉時代の遺伝子が眠っていて、その遺伝子が近現代史のなかで表面化したのではないかと分析をする本もあります。

どちらかと言えば、私はその見方に賛成です。

ヨーロッパの国々が手を出さないのに、我々の国が中国に手を出したのは、歴史的な潜在意識のようなものが昭和の軍人たちに流れていて、それを歴史的使命感と称したのではないかと思うのです。

では、当時四億の民と言われた中国の人々とあの広い土地を、日本の軍人たちはどのように支配しようとしていたのでしょう。軍事で制圧した地に、地元の親日的と思われる人を担ぎ出して組織化したものの、現実的にはその地域の政府的な機能を果たしてはいません。

実は、親日の地区委員会や親日政府を作るのはともかくとして、中国を支配する具体的なプログラムを、日本の軍人たちが持っていたとする文献がまったくないのです。

昭和の軍人が考えた「支配のプログラム」として、「ドイツと一緒に世界を分割する案」が大本営の陸軍の資料として残っています。これが作られたのは昭和十七年（一九四二）の初めで、日本が太平洋戦争で連戦連勝していた頃です。

東京裁判では、日本の侵略性を証明するものとして提出され、裁判長のウェッブが却下した資料のなかに入っています。

「ヨーロッパ、北米大陸、アフリカは、ドイツが支配する。アジア、南米大陸、オセアニア地域は日本が支配する」と記され、統治方法は「世界各国に総督府を作り、公民教育を行う」としていて、台湾や朝鮮と同じように、メキシコにもブラジルにもオーストラリアにも総督府を置いて支配するというわけです。

また、たとえばメキシコが独立を希望するならば、「抗日、抗独という路線を取らないという前提で独立に誘導せしめる」とも書いてあります。

この案は、国策レベルで論じられたわけではありません。ミッドウェイで負けたり、ガダルカナルで負けたりして、論じるに値しなくなったのですが、半藤一利氏、日本経済新聞の井上記者、私の三人が、東京裁判で却下された文書から何がわかるかを検証したときに、この案を読み、誇大妄想と言うより病気ではないかと思える人たちが日本の軍を動かしていたことに愕然としました。

太平洋戦争に負けたことによって、多くのことが忘却されたり、意図的に焼却されたり改ざんされたりしていますが、このような文書は、まだまだあります。しかし、まだきちんと分析されておらず、本当に日本軍が、そして軍人たちが何を考えていたのかは、今に至るも正確にはわかっていないのです。

明治・大正と昭和の戦争の違い

明治時代の日清戦争と日露戦争、大正時代の第一次世界大戦――。それらに比べて、昭和の満州事変、日中戦争、太平洋戦争には大きな違いがあります。

明治や大正の戦争が良くて昭和の戦争が悪いと言う気はないですが、明治や大正の戦争では軍人は妄想を抱かず、現実を見ていました。

現実を見ているから、戦争が政治の延長であり、国益を確保するためには、一定のコストに見合うものを戦争で獲得することが必要だというプログラムを持っていた。つまり戦争は、一つの仕組みのなかで機能していたのです。

それを大きく変えていくのが、昭和の戦争です。

太平洋戦争の開戦は日本の大使館の通告が遅れたから謀略とは言えないにしても、満州事変、日中戦争は謀略で始まっています。「日清戦争もそうではないか」「日露戦争もそれに近いではないか」とも言われていますが、昭和に入ってからの謀略は基本的に質が違います。

なぜなら昭和の日本軍は、謀略を一つの戦術的特徴にしてしまったのです。事件を起こしてそれを隠蔽し、相手側に責任を押し付ける。いつか露見するのは当たり前ですが、それが軍上層部の作戦として平気で行われていました。

昭和の戦争を考えるときに、私たちは解釈の岐路に立ちます。一つは日本人の気質、日本人の宿命、日本人の性格の弱さ、日本人の国民性、そういうものを全部含めた宿痾《しゅくあ》による当然の帰結だという見方です。

もう一つは、昭和の戦争では日本人が変調をきたしていた、あるいは日本の文化や伝統とまったく違う路線を歩んだ。だからその文化や伝統と異なるということを明確にしなければいけないという見方です。

「あれは日本人の宿痾だ」という側に立つのは、大雑把な言い方になりますが、左翼的な人たちです。「『一生懸命に戦争をして、日本人はすごいと他国を驚かせた』という右翼的な人たちの発言に、日本人の宿痾がよく出ている」と、彼らは言います。

もう一方の「日本人が変調をきたしていた」という側にいるのは、たとえば吉田茂がそうです。吉田茂は回想録で「満州事変以後、日本は変調をきたしていた。この変調を治さなければいけない。それが私の役目だ」と言っています。

私は吉田茂をとくに評価しているわけではないですが、「変調をきたしていた」「日本人がおかしかった」という見方には納得します。その「おかしさ」が昭和の戦争の実態であり、その実態を恐れることなく、客観的によく見ておくべきなのです。見ておくというのは、それを評価するとかしないとかの問題ではありません。事実を事実として知っておくという意味で、それを実際に行い得るかどうかが、まず日本人に問われていると思います。

昭和の戦争は、多くの問題を含んでいます。と言っても、その時代にめぐり合わせた人たちの生きた姿を、揶揄《やゆ》したり否定したりすることは許されないことです。そうではなく、その時代に生きざるを得なかった人たちの体験は、私たちに何を伝えているのか。そこに「教訓」をくみ取ることによって、「みなさんは歴史のなかに生きているのです」と私は伝えたいのです。

兵隊の思いがこの憲法に凝縮されている

昭和の戦争で大きな問題になるのは、戦争指導者の責任です。これは天皇も含めてですが、ときの軍事指導者、政治指導者の責任問題です。ただし、天皇に戦争責任をすべて負わせるのは極めて無責任だと、私は考えています。天皇親政ならば、その論理は成り立つでしょう。しかし、天皇は飾りのような存在であり、実質的な権力を握っていませんでした。

実質的な権力を握っていたのは、軍部です。軍事の優先性が憲法で保障されていないのに、軍部は権力を掌握して、一方的に政治を従属させた。そして、国策に反する戦争を遂行し、「勝った、勝った」と喧伝しながら負け戦を続けていたのです。

さらに言えば、「天皇のために死ね」という軍国教育があったという常識化した見方も、疑問符を付けて受け止めるべきだと思います。「神武天皇以来の皇国の歴史をより輝かしいものとするために、命を捨てなさい」と軍国教育では教えたと言いますが、これは昭和天皇が望んだものではなく、軍の戦略の不備を隠蔽するために、軍人たちが天皇を利用して使った言葉だということを、私たちは理解しておくことが必要です。

そして現代日本人に問いかけたいのは、誰もが時代を選択して生まれてきたわけではありませんから、「この時代にめぐり合わせた人たちの人生をどう思うか」という視点です。昭和の戦争の時代を生きた一般の人たちは、与えられた役割のなかで懸命に生き、戦争に行って、死んでいった。彼らに対して、「あなたたちは侵略の軍隊だ」と決めつけるのは一方的だろうと考えます。

後から見て全否定するのは簡単ですが、それはある意味で思考停止した態度だと言えます。彼らの姿から、私たちは何を学ぶべきか。そこから教訓を得ることで、彼らがたんなる過去の歴史上の人間ではなく、私たちが今まさに刻み続けている歴史のなかで生きてくると思うのです。

一つの象徴的な話を紹介しましょう。

日本火災海上保険（現・損害保険ジャパン）の会長を務めた品川正治《まさじ》という人がいました。すでにお亡くなりになっていますが、彼の著書『戦後歴程』（岩波書店）を読んだとき、なるほどと思いました。

大正十三年（一九二四）生まれの品川は、旧制三高の学生だったときに徴集され、中国戦線に行きます。戦地では行軍ばかりしていた思い出が書かれていますが、戦争が終わると中国側の捕虜収容所に入れられ、昭和二十一年（一九四六）に日本へ帰りました。

品川は帰国船のなかで、新聞を手に取ります。ちょうど憲法が発布される頃で、新聞には憲法の草案が紹介されていて、そこに記された憲法九条に驚いたのだそうです。

そして、上官から「部隊の全員の前で読め」と命じられ、前文から読んで聞かせました。読み終わると、兵隊たちはみんな泣いていたと、品川は回想します。

「もう二度と戦争なんか嫌だという思いが、この憲法のなかに凝縮している」「我々がこの憲法を作ったんだ」「死んだ仲間もこの憲法を作ったんだ」。そういう趣旨のことを、品川は書いています。

大企業の経営者には、だいたい保守派の改憲論者が多いですが、品川はいわゆる護憲派でした。しかし、これは「護憲派」「改憲派」という問題ではなく、今の憲法九条には戦場の辛酸を乗り越え、ようやく内地に帰還する兵士たちの思いが凝縮されていることを指摘したいのです。

「凝縮されている」というところが大事です。昭和の戦争を見るときに、現場で戦った兵士たちは誰もが「二度と戦争は嫌だ」と言います。

戦争を知る世代の自民党の代議士に何人も会いましたが、タカ派的な意見の人でも、

「今の憲法でよいと思う。あれは死んだ人たちの魂がこもっているのだ」と話す人が少な

からずいました。

「戦死した兵隊たちがあの憲法を作った」と思う世代の人たちが、たしかにいるのです。そういう人たちは今、時間の経過とともにほとんど亡くなっています。直接当時の兵隊たちのメッセージが伝わることのない時代になっていますが、今の憲法九条が兵隊たちの涙で出来上がっていることは、知っておく必要があると思います。

「この国を守る」という戦争ではなかった

「兵隊たちの涙」は何を表しているのか。日本の戦争は「軍事指導者たちの戦争」であって、「兵隊たちの戦争」ではなかったということです。「兵隊たちの戦争ではなかった」とは、「この国を守る戦争ではなかった」ということです。

一例を挙げると、広島に原爆が落ちた次の日、他の都市から送られてきた兵士たちが市内を歩き回って、生存者を探し出して病院に運び、死体の処理をしました。

それに従事した兵士たちの書き残したものを見ると、第一に助ける者は軍人の将官、それから佐官、官公庁の役人と続き、最後の方に普通の市民、その後が兵隊と書いてありました。

高級軍人、役人を優先し、その後で普通の市民を助けるという指示が、日本軍では何の疑問もなく出されていたのです。これだけを見ても、軍事指導者たちは、何のために戦争をしたのか、「自身の栄達のため、利益のため」ではないのかと考えざるを得ません。

近代日本は、軍事行動によって国外に様々な権益を獲得しました。それを獲得することに貢献した軍人たちには、名誉、あるいはそれなりの社会的地位を与えられました。とくに軍人たちは「公・侯・伯・子・男」の爵位をもらうことが、最大の願望だったのです。

軍人の生態に関心を持って調べた時期があり、昭和天皇の側近であり、太平洋戦争時に一貫して内大臣だった木戸幸一に取材の申し込みをしたことがあります。体調が悪いので、ある作家に質問項目を託してほしいと木戸から申し出があり、それで回答をもらうという形での取材でしたが、「軍事指導者は何を考えていたか」という質問に対する木戸の回答は、「彼らは華族になりたかったのだ」というものでした。華族になって、日本の歴史に名前が残るような存在になりたかったのです。

明治時代から日本の軍人たちは、内心では爵位が欲しくて仕方がなかったのです。実際に、明治の軍人はかなりの人たちが爵位をもらっています。だいたい明治政府の軍事政策を支えた人物たちですが、木戸幸一は明治の軍人と昭和の軍人の大きな違いについて、次のような意味の指摘もしていました。
「昭和は、士族の出身ではない人が軍の指導者になった。彼らは士族出身でないことに屈辱感、劣等感があった。それを打ち消すために爵位が必要だった」

爵位をもらうという形での立身出世をめざす軍人のあり方が、軍事の暴走につながった面があるかもしれません。軍事指導者たちが、自分の栄達、名誉を最優先に考えていたことを裏付ける内容は、無数にあります。

たとえば、太平洋戦争の三年八カ月のうちの二年七カ月にわたり指導者だった東條英機は、何を本当の目標としていたのでしょうか。彼もまた、爵位をもらって、華族になりたかったのです。もちろん、そんなことは表向きには口にしません。しかし、秘書たちとの私的な会話で、「この戦争に勝ったら、公爵あるいは侯爵といったところまで、もらえるのではないか」というようなことを話していたとの証言もあります。

芥川龍之介は「軍人というのは勲章が好きでしょうがない。勲章以外、彼らの仕事を評価する物がないからだ。しかし、その勲章のために、どれだけの兵隊が死んでいるか。それを考えろ」という意味のことを洩らしていますが、「一将功なりて万骨枯る」という世界が、どうしても軍人には付きまとうのです。

軍事が栄達と関わり合うゆえに、「戦争に勝つこと」そのものが目的になりました。「戦争をしない」という軍事のあり方を模索する軍人は評価されません。

「戦争をしない」ということを一生懸命研究し、国民の命を守ることに専念する軍事学を提唱した人、あるいはそういうことを実行した人が爵位をもらうのではなく、戦争を選択し、何万人もの犠牲を出して勝った人が爵位をもらうのです。

軍人たちが爵位を欲しがる背景に、そういう皮肉で残酷な現実があることを、私たちは知っておくべきです。

戦前から戦後まで続いている無責任体制

軍役に従事した者に年金を支給する軍人恩給制度は、日本では明治八年（一八七五）に発足しましたが、太平洋戦争が終わった後の昭和二十一年（一九四六）にＧＨＱによって廃止されます。しかし、昭和二十七年（一九五二）四月二十八日に日本が独立を回復すると、軍人恩給制度が復活します。

昭和五十一年（一九七六）か五十二年に、故東條英機夫人と娘を取材していたときのことでした。電話が鳴ったので、娘が電話口に出ました。終わって戻ると、「今年は四百万円なのだけど、いいわよね」と言うと、東條夫人が「それでいいわよ」とうなずいていました。軍人恩給は物価によってスライドするのですが、東條がもらうのは最高額で頭打ちになっています。「今年は（その額が）四百万円で我慢してください」という電話だったらしいのです。それでも、当時のサラリーマンの平均的年収と比べると、三倍以上もの額になります。

昭和二十年（一九四五）、戦争末期の軍人、兵士の月給を見ると、大将五百五十円、大佐三百四十円、大尉百三十八円となり、軍曹二十六円、二等兵（甲種）九円でした（「プレジデントオンライン」〈二〇一四年五月八日付〉北見昌朗氏により引用された、『名古屋陸軍造兵廠史・陸軍航空工廠史』による）。これほど階級によって給与差がありますから、軍人恩給も物価にスライドしながら決定されます。ちなみに准士官以上で十三年、一般兵士は十二年の勤務実績がないとまったく支給されません。

戦後社会でも、お金の面で、旧軍の将官は優遇された査定を受けていました。ドイツは将官だろうが兵隊だろうが、一律いくらと決まっています。それが本来の筋でしょう。日本はそういうところが、少しも是正されていないのです。

戦後の軍人恩給一つをとっても、旧軍の序列で下の人間には不利な制度を放置するという不平等で無責任な体質が戦後まで続いているのは、つまるところ太平洋戦争を国も国民もきちんと整理して総括していないということです。

東條英機を悪の権化のように語り、東條だけに戦争責任を押し付けるように語る構図も、戦後日本の戦争理解を象徴しています。

私は東條を優れた指導者とは思わないし、日本陸軍の誤謬を体現しているような人物であることにあきれますが、誰かを悪として槍玉にあげ、周りの者はそれで免罪符を得たとする風土が、日本には根強くあるのではないでしょうか。

それゆえに間違いや失敗に対して具体的な検証をせずに済ませてしまい、過去を整理した上で理解していないから学びがないのです。その結果として、現在も日本社会には問題が山積しています。

たとえば、東京大空襲にしてもそうです。アメリカの爆弾で死んでいった民間人に、ほとんど補償はありません。裁判に訴えても「誰もが何らかの形で被害を受けたから、忍耐を受け入れなさい」という受忍論による最高裁判決が判例になっています。

それはとりもなおさず、国民がどのような形で戦争に協力し、それに対してどういう見返りがあるのか、どういう補償があるのかが、まったく決まっていなかったということです。

こういう社会のあり方がまかり通ってきたのは、戦争を本質的に考えていないことに尽きます。だからこそ一握りの軍事や政治の指導者の都合によって、戦前も、戦時下も、戦後までも様々なことが決められているのです。

日本人の美徳を徹底的に利用した上層部

ロシアのウクライナ侵攻で、ロシア軍の兵隊が「演習だと思った」「気づいたら、ウクライナに入っていた」「ウクライナに来ていると知らなかった」と言っているのを報道で知り、「行き先を教えられていないのは、日本の兵隊もそうだった」と思いました。

たとえば、昭和十七年（一九四二）六月のミッドウェイ作戦に、北海道旭川の第七師団の一部連隊二千五百人が参加しました。ミッドウェイ島を占領した後に、第七師団の部隊が駐屯することになっていたのです。

その二千五百人が旭川から乗せられた汽車は、防諜のために昼でも窓はシャッターが下ろされて外が見えないようにしてありました。

うす暗い列車のなかでマラリアの薬をもらったとしても、なぜマラリアの薬を携行するのか、詮索することは許されないし、兵隊が「どこへ行くのですか」と聞いたら、「お前に軍事機密を言えるわけないだろう」と上官に怒鳴られるのが関の山です。

彼らは広島から船でグアムに行き、そこからミッドウェイに向かいました。

ミッドウェイ作戦に参加する海軍艦艇の最後尾に続いて、陸軍の輸送部隊の船が航行しました。「ミッドウェイに行くと告げられたのは出発してしばらくしてからだった」という証言が残っています。

戦闘が始まり、次々と日本の艦船が攻撃を受けましたが、第七師団の二千五百人が乗った船は撃沈されることなく、結局グアムに帰還します。その後、北海道へ戻るはずでしたが、グアムで乗った船の行き先は、今度は日本ではなく、ガダルカナルでした。このときも、自分たちがどこへ向かうのか、兵隊たちは知らなかったのです。

日本の兵隊は、最後の最後、戦場に行って、やっとその場で「自分がどこで戦うか」を聞かされることが多かったのです。名も知らぬ島で、「俺はどこにいるのだろう」と思いながら死んでいった兵士が、どれほどいたことでしょう。

公表されていませんが、こういう情報は戦友会の資料を調べていると出てきます。

日本の軍事はすべてが上部構造で決まり、下部構造を支える兵士たちは、与えられた命令に従うのみでした。それでも一生懸命に戦った兵隊たちの真面目さ、健気さは、ある意味で日本人の美徳です。

その美徳が、軍事指導者たちに徹底的に利用されました。この「徹底的に利用された」ことへの怒りを、日本軍を振り返るときの柱にしなければいけません。

ところが戦後、それが柱にはなりませんでした。前述した憲法九条を聞いて涙を流した兵隊たちのように、この怒りを、日本軍を振り返るための柱にした人たちはいたし、本質的に柱になっている部分はあるのですが、それが知られていないのです。

なぜかと言えば、私たちの国の戦争に関する報道、戦争への理解が、戦争の内実に対する本質的なところまで詳しく検証されていないからです。

私自身は戦争に行ったわけではありませんし、戦争が終わった段階ではまだ五歳ですから、戦争の内実を知っているとは言えません。

しかし、昭和の戦争を、「侵略した」ということだけでしか語らないとするならば、あまりにも情けないのではないかと感じます。なぜ兵隊たちは、鉄砲を担いで名前も知らない土地に行き、死ななければならなかったのでしょうか。その悲しさと悔しさをきちんと残しておくことは、次の世代の役目です。それを少しでも実現しようと、私は様々な軍人経験者に面談し、話を聞いてきました。

これは余談になりますが、昭和四十年（一九六五）の終わりから五十年代にかけて、私は軍の指導者たちにかなり頻繁に会いました。

ある将官から「君は息子がいるのか」と聞かれたことがあります。「まだ四、五歳の息子がいます」と答えたら、「戦争で死んでほしくないだろう」と、重ねて聞いてきました。私が「戦争では絶対死んでほしくないです」と答えると、「戦争はいつ起こるかわからないが、間違いなく生き残る方法がある」と、彼は言いました。その方法とは「陸大に入れる」というものでした。今なら「防衛大学校」ということになります。

彼の年代はかなりの人が死んでいるのですが、陸軍大学校の同じクラスにいた五十四人のうち、死んだのは三人だけだそうです。「その三人は玉砕戦の司令官や参謀長をやっていたから死んだ。そうでなかったら死ななかった」と彼は言っていました。つまり、日本の軍人は、上層部が死なないような戦争をするのです。

私は反戦主義者でもないし、非戦主義者でもないのですが、いろいろな人から話を聞いているうちに、「日本軍の一員として戦いたい」とはとても思えなくなりました。

次の世代に残す作業が日本では行われていない

日本軍には「こんなにひどい指揮官がいたのか」と驚く一方で、逆に「こんなに良い指揮官もいたのか」「こんな人間的な司令官もいたのか」と思う人物もいます。

そういう人たちは、軍内では出世していません。出世どころか、閑職に追いやられています。人格者だからそうなるとも言えるのですが、戦後は物言わず、静かに暮らしていました。本当は、彼らにこそ戦争を語ってほしかったと思います。

だから、声の大きな人、自分を美化する人、自分の都合のよい解釈しかしない人、そういう人たちの戦記が残ってしまった。それをきちんと検証し、尊敬に値する指揮官、人間的な司令官だった人たちの証言を語り継ぐ方向へ変えていく必要があります。

私が見るところ、三年八カ月続いた太平洋戦争をきちんとした形で書き残した本は、いまだかつて日本にはありません。

防衛省関係の『朝雲新聞社』から刊行されているのは、かつての陸軍省、海軍省の資料をもとにした書籍です。これは戦闘に関しては、かなり詳細です。しかし、大本営の命令によって行われた戦闘の報告だけで書かれているので、かなり恣意的な内容になります。

実際の史実とは違う話が、実はたくさんあるのです。

元軍人や兵士たちが作っている戦友会のなかには、ガリ版刷の冊子を二百部ぐらい制作し、関係者に配る活動をしている団体もありますが、そこには本当のことがさりげなく書かれているのです。

かつて社会党右派の人と話をしたとき、「社会党の目で書く必要はないが、少なくとも客観的に整理して書き残す必要があると思う。それをあなたの呼びかけでやったらどうですか」と話したところ、「膨大なお金と、膨大な人員と、膨大な記録が必要でしょう。私たちの政党では無理ですね」と言われました。

これは、無理とか無理ではないとかの問題ではない。責任の問題なのです。しかし、政権を担っている政党は、そういうことをやろうとしません。

名もなく死んでいった兵隊たちのことを誰が書き残すか。そのことが、いまだに曖昧になっています。それは戦争責任の問題と同様、兵隊たちに対する責任問題が戦後いかに放置されたままなのかということの表れなのです。

軍人に利用された天皇制

あえて付け加えたいことがあります。

令和三年（二〇二一）に逝去された半藤一利氏と私は、上皇さまご夫妻に何度かお目にかかりました。ご進講ではなく、「雑談しに来てください」と言われ、雑談という形で話し、ご質問があれば半藤氏と私が答えました。

これは私個人の得た感触ではありますが、昭和の戦争に関しては、お二人の方がより深い次元でのお考えを持っていらっしゃるように思いました。それは「天皇の名の下に兵隊たちが死んでいった」ことへの当事者意識、問題意識の強さからだろうと、私は推測しました。

はっきり言えば、天皇制は軍人に徹底的に利用されました。直接言葉にされてはいませんが、利用された側の心情として、納得できないものを抱えておられるように感じました。「天皇のために」「天皇陛下万歳」と言って兵隊が死んだことは、我々から見れば「そんな時代だったんだ」と思います。しかし、そのように言われた当人の側からすれば、これは大事な問題なのだろうと思います。天皇の思いということも含めて、私たち日本人は本当の戦争史を見つめなければいけないのです。

その視点として、日本史という広がりは重要です。日本は本来、他国と比べて対外戦争が極端に少なかったのです。それが近代になって、日清戦争からほぼ十年おきに戦争を行いました。この異様さのなかで、私たちの国の何かが壊れていきました。

壊れていったものは何か。

その検証をしないで、軍がどうのとか、核兵器がどうのという問題を議論する軽率さには、真剣さが欠けていると私は思います。昭和の戦争を調べれば調べるほど、間違いがいかに多かったかということを、私は痛感しています。

くどいようですが、昭和の戦争は軍事指導者たちの責任が大きいのです。

現代史の七十七年間、日本人が軍に対して、ある種のアレルギーを持っているのは、健全だと思います。しかし、このアレルギーは、戦争をまったく知らない世代によって簡単に乗り越えられる危険性をはらんでいます。

そのことを自覚しながら、私たちは後の世代に何を伝えていくのかを正面から考えるべきだと思います。

第四章　継承の原点としての「昭和後期」

日本は危急事態への答えを持っていない

地方紙の論説委員長を集めた「論説委員長会議」を、共同通信社は年に何回か開いています。その基調講演を頼まれ、地方紙各社を代表する新聞記者を前に話をしたことがあります。

憲法と戦争体験の話が終わり、質疑応答の時間になったとき、ロシアのウクライナ侵攻に関して、ある地方紙の論説委員長から次のような質問を受けました。

「ウクライナを日本に仮定し、ロシアを他の国と仮定して、無法な形での日本に対する侵略行為があったときに、どうすればいいと思われますか」

地方紙のベテラン記者が、危機感を持って質問する時代に入っているのだと感じました。日本がいきなりよその国から攻められ、ウクライナのようになることはないとは思いますが、一〇〇パーセント否定はできません。この質問に、私はかねて考えている「三つの方法」を提示しました。

一、日米安保条約の下でアメリカに依存し、自衛隊はその傘下に入って防衛する。

二、憲法の枠内で動くが、防衛自体に限界があったら、降伏するなり、国連に持ち込むなりして、戦争の終結を図る。
三、政府が意図的にクーデターを起こす。

クーデターと言うと言葉がきついですが、今の憲法の下でのあらゆる権限を停止し、新しい政治体制の下で侵略に抵抗する法的根拠を作って、対応するということです。

講演が終わった後で、引き続き何人かとこの問題について議論をしました。

そのとき、「地方紙のなかにはいわゆる護憲をラジカルに主張するところもあれば、そうでないところもある。しかし、実際に侵略が起こったとき、新聞の論説委員たちはどう対処すべきかわからないのだろう」と思いました。

それは、「危急の事態にどう対応するか」ということへの意見を、日本の社会全体が持っていないからでしょう。それだけに、「核兵器を持つ」といった危険な軍事的キーワードがこれから出てくるという感じがします。

また、ロシアがウクライナに侵攻したことで、「日本が中国に攻められたらどうするのか」というようなことを言っている人がいますが、問題の性格が違うだろうと思います。

今大事なのは、ウクライナに侵攻したロシアの戦争の仕組みを理解し、それがどのような体制の下で起こるのかといった批判の論点をきちんと捉えることです。それを考えずに仮定の議論をするのは、「ちょっと待て」と言いたくなります。何かことがあれば利用しようとする拙速さのなかに、本質を考えまいとする姿勢があるように感じます。

それはそれとして、「危急の事態にどう対応するか」への答えを持っていないことは、太平洋戦争を含めた近代日本の戦争をどう継承してきたかに問題があったことを物語っていると思います。

太平洋戦争が終わった昭和二十年（一九四五）八月十五日から昭和六十四年（一九八九）一月七日までの四十三年余、昭和後期に継承されてきた戦争への考え方は、今の日本人の戦争観を形成していると言っていいでしょう。近代日本の戦争は、戦後どのように語られてきたのかを振り返ってみましょう。

戦争体験は一つの世代で消えてしまう

人類の争い事は三つに絞られると、よく言われます。

一つ目は、食べ物です。食べ物が少なくなると必ず争い事が起こる。それが、大きくなれば戦争となる。現代にもつながる話です。

二つ目は、種族の保存・維持です。つまり、子供を作って次の世代につないでいくことを何よりも優先するから争い事が起こります。

三つ目は、安心感や尊厳です。人類はその安心感を得るために、同じ種のなかでも家族、あるいは関係の近い集団といったテリトリー、縄張りを作ります。これを守ろうとする戦いは必ずあるのです。

プロローグで紹介した「戦う遺伝子」と項目立てが少し違いますが、要素としては同じです。

食べ物と種族の保存・維持と安心感や尊厳の三つを守るために戦いが起こるとすれば、食べ物の確保、種の保存、心が休まる集団機構がそれぞれ代替できたなら、戦争はしなくてもいいはずです。逆に言えば、代替を作ることができないから戦争が起こることになります。

動物のなかには、同種間での殺傷は決してしないものもあるのだそうですが、人類は誕生して何万年も経っても、殺し合いをまったくやめません。これは「人間同士が殺し合う戦争は、種を滅ぼすことになる」と遺伝子に組み込まれていないと考える他ないように思えます。

遺伝子に組み込まれないどころか、「戦争は犯罪ではない」という考えが十九世紀までありました。ということは、人類の発展過程で、戦争は必要悪だったという意味にもなると思います。その正否は別として、人間が「同種間で争い事をしない」という遺伝子を持たないのは、世代ごとに体験が切れていることにあると考えられます。

たとえば、祖父の世代が戦争で悲惨な体験をしたとしましょう。それが種としての遺伝子に組み込まれないならば、その体験は一つの世代で消えてしまいます。ですが、人間には知性や理性があり、体験を継承していれば、遺伝子に組み込まれていなくても、戦争というものの愚かしさを分析した上で次の世代につないでいけるわけです。

そのための分析は、「戦争が起こった原因」「反省しなければならない点」を踏まえたものでなければなりません。

したがって、戦争体験の継承は、縁側で日向ぼっこをしながら好々爺然として歴史の話をするのとはわけが違います。深刻な問題を真剣に論じるという意識を持つ必要があります。

近代日本の三つの失敗

では、私たちが近代の戦争から継承すべきことは何でしょうか。

近代日本の戦争には多くの錯誤があり、その錯誤による私たちの国の失敗がありました。その失敗を徹底的に学んで克服することが大事だ、という視点から、私は三つのことを取り上げたいと思います。

まず、失敗の原因の一つは、軍事学に対して理論的な構えが甘すぎたことです。「経済とは何か」を考えるのと同じように、私たちは「軍事とは何か」をきちんと考えて、軍事学、軍事哲学を持たなければいけません。

二つ目は、戦争に行った兵隊たちへの連帯の感情を持っていないことです。兵隊になるのは二十歳を過ぎた青年であり、太平洋戦争期の日本で言えば、大正十一年（一九二二）、十二年（一九二三）、十三年（一九二四）に生まれた人たちの戦死が多かったことになります。

国の統計では年齢別の戦死者数はわからないのですが、ある私立学園の理事との共同調査で、その学園の卒業者名簿を見て、戦死と記載されている人の数を調べたことがあります。その結果、学年では大正十一年の遅生まれと大正十二年の早生まれ、大正十二年の遅生まれと大正十三年の早生まれの二学年が多いことがわかりました。

その後で、いくつかの大学の卒業者名簿を点検しましたが、この統計が基本的には正しいと、私は理解しています。もちろん後備兵と言って、いちど兵役が終わった人も徴兵されますが、青年期の一番重要な時期に、新兵として戦争に駆り出されたこの世代は、戦争でもっとも多くの人が死んでいると言っていいのです。

戦争で犠牲になった人たちに対して、私たち日本人はどういう感情を持つでしょうか。

「彼らの世代はついていない」と突き放すのか。

「彼らは英雄だ」と言って極端な形で褒めるのか。

そうではないのです。彼らは他者ではなく、「我々」なのです。我々だって、二十歳を過ぎた頃に戦争があれば、戦場に行って死んでしまうのです。戦争で犠牲になった世代を慈しみ、連帯の感情を持つことが必要です。

三つ目は、戦争が終わった後、きちんと文書化して、国民的財産にしていないことです。その際、「よく戦った」という賛美型の戦争総括論、「すべて失敗した」という全否定型の戦争論、どちらも間違いです。

大日本帝国が進めてきた戦争は、国際社会から見て醜悪なところも多いのですが、その原因は何かということ、そして原因を克服しながら、戦争に行って死んでいった人たちが何を考え、どんな思いを抱いたのかを伝えていくことが大事です。

実際に起こった事実を詳細に調べ、具体的かつ教訓的な言葉で、世代的な重みを持った戦争体験を語り継ぐことが重要な柱になります。この柱がなっていないと、戦争の実態を整理することができません。

日本に軍事哲学がなかったことの教訓化

最初に挙げた「理論的な構えが甘すぎた」とは、近代日本に軍事哲学や軍事思想が存在しなかったということです。それが多くの犠牲者を生み、国際社会に多くの失敗をまき散らしてしまったと言っていいと思います。

日本に軍事学がなかったことを教訓化していくときに明らかになるのは、第一章で述べたように、日本の近代の戦争は「利益線」を守るための戦争であり、あるいは利益線を拡大することが戦争目的になっていったことです。

利益線は中国と朝鮮半島に止まらず、のちに南側はオーストラリア近くのニューギニアまで延ばされました。これは国威発揚、国権の伸長という形で成功しているように見えます。実際にそういうような受け止め方もされましたし、大東亜共栄圏を作ることが目標だとされていました。

しかし、大東亜共栄圏を作るために、なぜ日本人はニューギニアなどの当時は名前しか知らないような島にまで、兵隊として行かなければいけなかったのでしょうか。

南方まで利益線を延ばした目的は、資源の確保だと言われました。それぞれの国が保有する資源を軍事力で押さえ、一方的に持ってくるのは、十九世紀から二十世紀まで続いた帝国主義の戦争です。しかし、それは永久的に続けられるものではありません。

侵略された国は、必ず民族的意識に目覚めて立ち上がります。そのとき、いろいろな地域や国で起こる抵抗運動すべてに、日本の軍隊が対応できるはずはありません。

そうならば、どこかの時点で解放し、「国家間の貿易」という形で資源を入手することを考えるべきだったのです。当然ながら、そう考えた人たちは当時もいました。「こういう人が指導者になるべきだ」と思えるような意志を持ち、物の考え方にきちんとした基準を持った人は、軍人のなかにもいたのです。

しかし、そういう人たちは中枢部に入れなかったり、要職を追われたりしました。そして、軍事で資源を強奪するだけの国家になってしまったわけです。このような分析をもとに教訓を整理していくとき、政治や思想を持ち出して定義する必要はなく、常識で考えることが大切です。

常識から考えたとき、近代日本の誤りは、軍事のシステムと教育と人材にあったことがわかります。

「天皇のために死ぬ」

「相手方との政治的な妥協を考えず、ひたすら戦争を継続する」

こういった姿勢で戦われたことを踏まえると、「何を考えているのか」と言いたくなります。それを徹底的に批判した上で、教訓化しなければなりません。

今回のロシアのウクライナ侵攻は、昭和十年代の軍事指導者たちが犯した多くの誤りに、改めて意識を向けるきっかけになりました。私たちはその誤りをきちんと理解し、批判しなくてはなりません。

台湾有事のときに我々はどうふるまうか

昭和の戦争で、日本は多くのマイナスを背負い込みました。そのマイナスは、一世紀、二世紀と続くかもしれない複雑な様相を呈しています。

たとえば、昨今、「台湾有事」という言葉が語られます。日本が勇み立って、台湾であろうと中国であろうと軍事的に加担した場合、「日本のせいでこんなことになった」と言われたらどうするのでしょうか。

一九九〇年代、私は何度か台北に行って、かつての国民党指導者を取材し、二十一世紀に入ると、北京で中国社会科学院の人などに取材をしました。

「あなたの国の侵略のおかげで、我々の国はどれだけのものを背負い込んだか」

「自分たちの今の問題は、日本の悪しき軍国主義の清算の延長にある」

これは台北でも北京でも、言われたことです。

私たちの国がどういうふうにふるまうか、どういう意見を言うかによって、中国、台湾の双方から「お前たちのおかげで、俺たちは一世紀も無駄にしている」というようなことをこれからも言われるかもしれません。

それればかりか、扱い方を間違えると、世界が日本を見る目がガラッと変わるでしょう。

「中国と台湾の問題は、日本の軍国主義がやらなくていいことに手をつけて、後始末をせずに問題を放り投げた結果だ」という歴史に依拠した批判が、当事者でない国から出てこないとも限らないのです。

中国と台湾の問題を、いかにも訳知り顔に「今の段階」で論じる人たちがいます。しかし、本当に問題になるのは、「歴史」です。一九二〇年代から中国共産党と国民党が中国統一をめぐって戦い続けた流れに、日本が加担したことが問われかねないことは、知っておく必要があります。

他国の問題に対して意見するとき、歴史的な分析をするときは、「我々の国はそのときどうしたのか」ということを含めた「きちんとした考え」を持ち、発言していかなければいけないと思います。

「歴史」と「今の問題」ということでは、ウクライナとロシアの戦争にも、第二次世界大戦の微妙な問題が影を落としています。

ドイツはロシアにもウクライナにも遠慮していますが、「ヒトラーの影」がドイツの動きを鈍くしているのです。ロシアもウクライナも、お互いに「あいつらがナチスだ」というレッテルを貼っています。ウクライナから見れば、プーチンの軍事行動のなかにヒトラーに通じる暴挙を見るでしょうし、プーチンはというと「ネオナチ」と呼ぶ極右勢力を排除するとしてウクライナ人への憎しみを増幅させています。

だが、どちらにとっても「ナチスは悪」であり、「ドイツはナチスの国だった」ことが影響しているのです。

それを新聞は書かず、「天然ガスの多くをロシアからの輸入に頼っているから、ドイツがはっきりした態度を取れない」と論じていますが、それだけではありません。どちらに加担したとしても、ドイツが「ナチスの国」であった歴史が双方に戦争の〝口実〟を与えているのです。

アメリカやイギリスの新聞でさえ大きく報じませんが、いくつかのメディアは書くべきことを書いています。

ロシアとウクライナが「ナチス」を持ち出したように、中国と台湾の武力衝突が起こったとき、かつての「日本の帝国主義支配」が戦争の理由に使われることは十分に考えられます。

ソ連が日本に軍事侵攻したという事実

日本とソ連の近現代史は、多くの錯誤が生じています。その錯誤の上に両国の関係が作られてきたという感じがします。

二〇二二年のことですが、親プーチンの野党党首が、「北海道はロシアのものという考え方がある」と発言しました。それには何ら根拠がなく、記録にあるのは第二次世界大戦の終結に向けたヤルタ会談の場で、スターリンが北海道の領有もアメリカとイギリスに要求したことくらいです。

歴史を振り返ると、明治八年（一八七五）の樺太・千島列島交換条約で、日本が樺太南半分に持っている権限を放棄する代わりに、ロシアが千島列島（ロシアで言うクリル諸島）に持っている権限を放棄すると取り決め、千島列島は日本、樺太はロシアの領有と定めました。

その後、日露戦争の勝利によって日本は樺太の南半分を取り、第二次世界大戦のときのヤルタ会談で、ソ連のスターリンが「対日参戦する代わりに、日本が我々から奪ったところは全部返してもらう」と要求しますが、アメリカのルーズベルトがそれをあっさりと承認しました。それを秘密協定とした文書も作成しています。

スターリンの言葉通りなら、千島列島は日本が軍事的に奪った領土にはなりません。しかし、樺太のみならず、交換条約の下で日本の領土と決まっていた千島列島も、ソ連に奪われました。千島列島の帰属問題でロシアが主張できるのは、日本に宣戦布告して八月十五日以後に制圧した地であるということだけです。

日本はポツダム宣言を受け入れて、武装解除をしました。ロシアは降伏した日本に入ってきて、軍事力で制圧したのです。それだけでなく、スターリンは北海道の留萌《るもい》から釧路まで線を引いて、「ここにソ連軍を駐留させてほしい」とアメリカに言ってきました。「日本の武装解除、駐留は米軍のマッカーサー司令官が中心になって行う」と、トルーマン大統領が断っています。

そのことも含めて、ロシアの言い分に、何一つとして北海道がロシアのものだと言える根拠はありません。にもかかわらず、「北海道はロシアのものだ」と平気で言う政治家が出るようになった時代は、歴史がきちんと理解されていないという問題だけでなく、こうした意見をロシアが都合よく解釈し、軍事力を発動する危険性もはらんでいるということです。

だからこそ、ロシアの言い分に対して、その都度きちんと反論していかなくてはいけません。難癖をつけてくるような相手に対して、鈍感であってはならないと思います。

昭和後期に戦争体験を検証していた頃は、過去の体験を歴史談義として記録しているようなのどかさがありました。現在はそれでは済まされず、歴史の総括と歴史の継承、歴史のきちんとした理解のために、過去の戦争体験の検証が必要です。私たち日本人は、そこで得た普遍的な知見を武器に、国際社会に発信していくことが求められているのです。

そのための資料、そのための文書、そのための国民的な理解、それらがきちんと固まっていないのでは、私たちの国の近現代史はいつまでも正しく継承されないことになるのです。

私たちも兵隊になる可能性がある

ここで再度強調しておきたいのは、戦争に行った兵隊たちへの視点です。

太平洋戦争では、大正十一年（一九二二）から十三年の生まれの人たちが数多く亡くなりました。その世代は「戦争のために生まれてきて、そして死んでいった」と言っていいほど、二十代前半で多くの人が死んでいます。

この「戦争のために生まれてきたような世代」に対して、「私たちはどのような思いを持つのか」は極めて大事だと思います。前述したように、私たち自身もそうなる可能性があったからです。

私が二十歳のときには戦争がなく、兵隊に行って死ぬことはありませんでした。しかし、時代が時代ならば、兵隊として死んだかもしれないのです。これはすべての日本人が、

「自分ごと」として引き受けなければならない認識です。

時代を遡れば、明治五年（一八七二）、六年生まれの人たちが兵隊として戦場に行っています。日清戦争では、明治二十七年（一八九四）、八年の日清戦争では、何十万人も死んでいるわけではありません。それでも、この世代は他の世代よりも多くの人が死んでいます。

それから、明治三十七年（一九〇四）、八年の日露戦争では、明治十六年（一八八三）、七年生まれの人たちが兵隊として大陸に出征し、戦死しました。

そういう人たちの死は、近代日本のなかに無数に存在しています。戦争のために生まれてきて、亡くなったような世代に対して、私たちは特別な感情を持つべきなのです。

私の本籍は群馬県ですが、菩提寺に行って先祖の過去帳を調べたことがあります。そのとき、父親の祖父の兄弟に明治十六年（一八八三）生まれの人がいて、陸軍士官学校に進んでいたことがわかりました。

この期の生まれの軍人には、陸軍の統制派の中心となった永田鉄山（明治十七年の早生まれ）がいます。「永田と同期だったのか」と驚いたのですが、この人は短期間で陸軍士官学校を卒業させられ、日露戦争に出征して戦死しました。

そういう人たちをどういうふうに追悼していくかは、靖国神社の問題ではありません。戦争で亡くなることに対する私たちの理解を、ヒューマニズムの段階にまで引き上げる力を持てるか否かが問われていると思います。

日本人はなぜ戦争に鈍感なのか

戦後の日本で「戦争は反対だ」と言う人たちに話を聞いていくと、いずれも戦争とは昭和十九年（一九四四）の十一月、十二月以降のことを話します。

昭和十九年の終わりからB29が日本に爆弾を落とすようになり、日本人は初めて「戦争は嫌だ」「戦争は怖い」と、はっきりと自覚したと言えます。つまり、軍隊経験のない一般の日本人の戦争体験は、空襲を経験した一年にも満たない期間のことなのです。

日本は明治二十七年（一八九四）の日清戦争から大きな対外戦争を行っています。それなのに日清戦争も日露戦争もまったく視野に入っていないようです。

日清戦争と日露戦争では、兵隊たちが帰国するときに、「戦場での殺傷は故郷に帰ったら決して話してはいけない。日常とあまりに違う世界だからだ」と上官から指示されたと言います。つまり「戦場で手柄を立てた話以外はするな」ということです。

「郷里で家族に話したとしてもわからないではないか」と思われるかもしれませんが、在郷軍人会が監視しているのです。幼い子供に向かって、「戦争はひどい。こんなことがあった」と言ったら、村ですぐに広まります。そして呼び出しを受け、「とんでもないことを話した」と叱責を受けます。場合によっては、警察に検挙されることもありました。

文部省の唱歌で、父親が夜なべをして草鞋《わらじ》を作っている傍らに子供たちがいて、過ぎし戦の話を聞いている歌があります。明治四十五年（一九一二）の「尋常小学唱歌」第三学年用に掲載された文部省唱歌「冬の夜」の二番です。

囲炉裏の端に　縄なふ父は
過ぎしいくさの　手柄を語る
居並ぶ子供は　ねむさを忘れて
耳を傾け　こぶしを握る
囲炉裏火は　とろとろ　外は吹雪

この唱歌の「過ぎしいくさの　手柄を語る」の歌詞は、戦後「過ぎし昔の　思い出語る」と変更されました。「耳を傾け　こぶしを握る」の部分に、「いつか僕らも大人になったら、いくさで手柄を立てるのだ」という子供たちの心の高ぶりを感じます。

唱歌の成立年代からすると、父が語っているのは明治三十七年（一九〇四）の日露戦争でしょう。日本の戦争の語り継がれ方が、実際の戦争の悲惨さを隠し、戦場は手柄を立てるところだとしか伝えてこなかった象徴的な例だと言えます。日本は、このあたりは徹底していました。

昭和十九年（一九四四）の終わり頃の本土空襲で、実際に爆弾が落ちてきて逃げ回るような思いをするまで、日本人は本当の戦争を知らず、戦争についての基本的な学習をまったく行っていません。

だから、私たちの国は軍事学、戦争学が育たなかったのです。この点で「日本人は戦争に対して鈍感すぎた」と言っていいのではないかと思います。

一元的な歴史解釈だった戦後日本

ロシアのウクライナ侵攻が、「新しい時代」への変化ではないかと感じたことは、プロローグで触れましたが、本章の最後に、二点だけ指摘しておきたいと思います。

まず、ロシアのウクライナ侵攻は、社会主義を装った帝国・ソ連が行ったことと、ほとんど変わりがないということです。

プーチンが描いている指導者像としては、ペレストロイカでソ連に民主化の風を持ち込み、結果崩壊に至らせたゴルバチョフでなく、明らかに第二次世界大戦の独裁的指導者スターリンだろうと思われます。

今回の侵攻では、スターリン的な手法、スターリン的な国家イメージ、それを再現するかのような手法が見受けられます。二十世紀の大国・ソ連を再現したい、世界の歴史を動かしたいという野望があるのでしょう。

スターリンは、ウクライナやベラルーシをソ連の構成国家とし、一つの国家として認めず、ソ連の一部に組み入れました。プーチンは、それをそのまま意識のなかに持っていて、二十世紀に失われた帝国主義型の国家像をいまだに求めています。それがウクライナ侵攻の背景にあります。

今なお、二十世紀の帝国主義的な発想を捨てきれていない大国の指導者は存在するのです。歴史の総括をきちんとしないと、そういうものは古いままに伝承されていきます。

もう一点は、歴史を検証するときに必要な視点についてです。

ほとんどの国のメディアは、ロシアのウクライナ侵攻を批判しています。私たちの国では九割方批判していると言ってよく、世界の国の八割ぐらいはロシアを批判しているでしょう。国連の場でロシアに批判的な態度を取らない中国やインドでも、国内のメディアがロシア批判をしていると聞きます。

国連の数字を見ると、ロシアを支持する国は五、六カ国ぐらいで――棄権という形で逃げる国もありますが――、第二次世界大戦以後の国際社会で、これほど一つの国が批判されることはなかったと思います。

しかし、プーチンにも言い分があり、それを聞いてロシア側の見方を知ることも必要です。では、プーチンの言い分とはどういうものでしょうか。

かつてソ連邦という社会主義圏に含まれていた十五の共和国は、その崩壊とともにそれぞれに独立しました。そうした国の一つであるウクライナがＮＡＴＯ加盟に動き出したことは、軍事的にその地域が西側陣営に組み込まれることを意味します。それをプーチンは「西側諸国による軍事的脅威」と捉えたのです。

「ロシアの中庭に、ＮＡＴＯが武器を持って存在することは認めない」

これがウクライナ侵攻の大きな理由になったことは間違いないと思います。

今、ヨーロッパでも様々な意見が出ているなかで、「NATOにウクライナを加盟させてはならない」という声も強くあります。プーチンがどうとか、ロシアがどうとかと言うよりも、ロシア国境に壁一枚のところにまでNATO加盟国が東方拡大してきたら、ロシアはさらに軍事的圧力で対抗するだろうと言うのです。

第二次世界大戦のソ連のあり方を、プーチンなりに学んで、ここはどうしても譲れないと考えたのでしょう。ロシアという国の存続に直接の脅威になるからです。

しかし、プーチンの考えにはとんでもない妄想があり、現実の国際社会での適応性を失って今度の戦争を引き起こしました。その点で、私はプーチンの戦争を批判しますが、彼が何を考えているのかを知っておくのは必要だと思います。なぜならば、それが歴史を検証する上での大切な姿勢につながるからです。

戦後日本では、極めて一元的な歴史解釈が主流になりました。

それはそれで相応に筋が通ってはいるのですが、あまりにも政治的見方が軸となっています。社会主義か帝国主義か、ファシズムか反ファシズムかといった価値観に沿った解釈だけで語られてきたように思います。

こうした議論のどれもが、広く一般社会を納得させる論理とは言いかねますが、アカデミズムの分野では、こうした政治思想の文脈に沿った戦争解釈が主流になりました。たとえば、昭和三十年（一九五五）に刊行された岩波新書の『昭和史』（遠山茂樹・今井清一・藤原彰著）は、その先駆的な役割を果たしたと言えます。

結局のところ、昭和後期の歴史解釈は「唯物史観（マルクス主義的な歴史解釈）」「皇国史観（戦前の天皇を中心とした歴史解釈）」「文明史観（人類史は文明の衝突、葛藤によって作られるとする解釈）」「軍事史観（軍事が人類史の主役であるとし、強者に焦点を当てた歴史観）」「物語史観（文字を持たない民族の歴史継承の解釈）」「実証主義的史観（歴史を実証的に検証しようとする見方）」などの様々な史観が混合しながら、固められていったと言えます。

では、これからの時代はどうなるのか。歴史の見方が混乱した状態になり、しばらくは明確な歴史の解釈は確立しないでしょう。

それは「昭和後期の歴史的解釈の葛藤期が終わり、戦争体験世代の歴史解釈と継承に内容を変える時期になる」ということです。そして「戦争体験を持たない世代にも継承されるような新しい普遍的な視点を追求する時代」が登場してくるという意味でもあります。そのための覚悟と責任の自覚が、私たちに求められる時期に入ったと思います。

第五章　「平成」という時代の姿勢

戦没者の追悼と慰霊

太平洋戦争が終結してから四十三年余が過ぎて、平成という時代に入りました。戦争時に皇国少年として教育を受けた世代が、還暦を迎えようとしていたことを考えれば、戦争体験を語ることに大きな変化が起こるのは当然でした。

それは、次のような意味だったと言うことができます。

「戦争体験者が高齢化して証言者が少なくなっている」

「数多くの証言記録が刊行され、真贋《しんがん》が改めて問われることになった」

「戦争体験の意味するところが拡散し、戦争体験という言葉が一人歩きした」

「戦没者追悼と慰霊は形骸化したが、辛うじて天皇、皇后が国民に範を示した」

よく「時間とともに、戦争体験の記憶が薄れていく」と言われますが、「記憶が薄れていく」とは「戦争の体験が遠のいていく」ことです。「遠のく」ことには二つの問題点があります。

一つは実際に人が死ぬという戦争の現場に即した肌感覚を伴う事実が忘れ去られていき、「戦争を夢想化する」姿勢が生まれ、二つにはそれによって「戦争を正当化する」考え方が生まれることにつながります。

戦争には人間同士が憎しみ合うことの半面で、ヒューマニズム的な側面があります。それが強調され、あたかも戦争はヒューマニズムによる行為と言わんばかりに語られたりするのです。

その行き着く先が、「歴史修正主義」の罠です。この罠に落ち込んだら、歴史を自らの欲求不満の代償に利用することになっていくでしょう。「歴史修正主義」とは、侵略戦争や植民地支配、軍などが行った組織的残虐行為など、批判的に評価される事象について、その評価を否定し、逆に支持や擁護する主張を言います。

これが、平成という時代の歴史解釈のいわば特徴でもありました。ただ、一方でこうした動きには新しい視点がなかったわけではありません。

たとえば、昭和二十年（一九四五）から昭和六十四年（一九八九）までの昭和後期には、特攻作戦が「日本人の若者が、国のために命と引き換えに敵と戦って死んだ」という美談に収斂《しゅうれん》していきました。もちろん、「そうではない。彼らは犬死だった」と言う人もいましたが、基本的には特攻が美談として語られました。

ところが、平成になって少しずつ「それは問題だった」と問い直す動きが現れ、問題を整理する流れが出てきました。

　戦争体験を語るとき、それぞれの時代背景によって、あるいは戦争体験者が生きている比率によって紆余曲折がありましたが、方向性が定まってきたのが平成の時代であり、それは平成の天皇が率先して戦争との向き合い方を、身をもって示してきたからだと私は考えています。

　日本の近代史、現代史を問わず、もっとも重要なのは天皇制のあり方です。それは天皇制が良いとか悪いとかの問題ではありません。天皇制を採る以上、私たちの国でそれがどのような意味を持つのかが問われるのです。

　私は天皇制について否定論者でも肯定論者でもなく、天皇制は文化的遺産として大事な存在だと思いますが、現代日本がそうであるように、「天皇は政治的な関わりを一切持たないとすべきだ」と考えています。

　とくに昭和初期の戦争の時代の日本は、軍事指導者たちが天皇を何も言えない存在にしておいて、一〇〇パーセント利用してきました。平成の天皇は、政治の側が天皇に要求することに対して、独自の考えで象徴天皇としてのあり方を深く考え、実践してこられたと思います。

太平洋戦争が終わった昭和二十年（一九四五）八月以来、いずれ皇位を継承することになる平成の天皇は、早くから「天皇像」を自問し、現憲法における象徴天皇に徹するという強い自覚の下に、どうあるべきかを考え続けてこられたのです。

それによって、大日本帝国憲法下の体制より、現憲法下の民主主義体制の方が本来の天皇のあり方を示せると理解されたとも言えるでしょう。

平成の天皇と皇后、つまり現在の上皇と上皇后は、戦時下ではまだ少年・少女期でしたが、ご自分たちが戦争体験の継承を引き受けて戦没者の追悼と慰霊を行いました。そして、サイパンやパラオなどの激戦地を訪問し、慰霊碑の前で深く頭を下げられたことが示すように、弔意と謝罪の気持ちを誰にでもわかる形で表すことを厭《いと》いませんでした。

亡くなった半藤一利氏と二人で平成の天皇、皇后ご夫妻に会って話をしたときに、この方は口には出さないけれども、「天皇の名の下に多くの国民が亡くなった。私はどうすれば良いのか」という問いをご自身の悩みとして引き受けていると思いました。

太平洋戦争は「昭和天皇のために死ね」という戦争だから、平成の天皇がそれを引き受ける必要はありません。しかし、国体としての天皇のために臣民に死を強要した事実は、平成の天皇としても深い痛みを持って受け止めなければならないと考えられたのでしょう。

戦没者の追悼と慰霊のため世界各地を回った姿勢には、計り知れない強い思いが感じられます。

国民が天皇のために死んだことに、当時の昭和天皇はさほど苦しく思わなかったかもしれません。なぜなら、「思わない教育」を受けたからです。

「天皇のために死ぬ」ということは、固有名詞としての「私」のためでなく、神武天皇から始まった天皇という存在のために死ぬことです。そこに当代の天皇個人の責任は存在しないのであり、そういう時代の天皇として帝王学を教えられてきたと思われます。

しかし、戦後四十三年余を経て即位した平成の天皇は、民主主義の国家・日本の象徴として、「先の戦争によって天皇が背負ったものを、私の代できちんと整理、継承し、後の世につなげていきたい」と考えて行動されたのではないかと、私は推測しています。

平成の天皇が責任を強く感じていることは、平成という時代にあって、国民の意識から戦争への思いが薄れそうなときに、戦没者の追悼と慰霊の旅を続けてこられたことからも明らかです。

海外の激戦地のみならず、沖縄の対馬丸記念館や長野の満蒙開拓平和記念館にも出かけ、追悼と慰霊の姿勢を示し、歴史的に不明な点は案内の担当者に直接質問を投げかけられました。象徴天皇制のなかで、平成の天皇の追悼と慰霊のご活動によって、広く国民に戦争に対する向き合い方を示されたと感じられます。

日本の歴史を振り返るとき、戦争にせよ、政治にせよ、天皇を利用してはなりません。天皇を戦争や政治から切り離し、新しい時代になってこれまでとまったく違う天皇のあり方を示された平成の天皇の存在は、風化する昭和の戦争を次世代に正しくつなぎとめる上で、大きな役割を担ったのです。

「ずるい戦史」を書き換える

長らくつきあいのなかった知人から、突然手紙が来て、「海軍の軍人だった義父の資料が残っています。どうしたら良いでしょうか」という内容が書かれていました。

その人の義父は特攻隊の出撃を送り出しながら、自分は生き残った軍人でした。言葉は悪いですが、「立派な軍人とは言えない」と、私は思っています。それでも、しかるべき機関の責任者に伝えたところ、「貴重な資料だ」という反応が返ってきました。特攻に何人も送り出して、「自分も死ぬ」と言いながら、死ななかった人の作った「資料」なるものが後世に残っていくのです。

仕方がないことだと思いますが、ならば戦争の時代と折り合いをつけながら、疑問を感じながらも、黙々と死んでいった人たちのことは誰が残すのでしょう。

昭和後期に語られた戦争は、ともすれば高級軍人を美化する、あるいは日本の侵略にプラス面もあるという歴史修正主義的な見方が強調されていました。名前のある軍人が得々として戦果を語り、失敗さえも自己正当化するような話に意味はありません。

それよりも、誠実に生きた人たちのことを、客観的な事実に基づいて残さなければいけないのです。それが戦争体験を継承する柱だと意識させてくれたのが、平成という時代の教訓だったと、私は考えています。

それにしても、「日本はどうしてこんなに兵隊の命を軽く考えたのだろうか」と思わずにはいられません。

昭和十八年（一九四三）から十九年にかけて、日本は各地の戦闘でアメリカに負け続けました。そのとき、軍のなかで特攻作戦が必要だという声がだんだん高まってきます。

特攻機による体当たり作戦は、昭和十九年（一九四四）十月のアメリカのフィリピン上陸作戦のときに初めて行われますが、そこに至るまでにもガダルカナルの戦いのような無謀な突撃命令で、多くの兵隊たちが死んでいました。

「日本の青年は自分の命をお国のために捧げることを最大の美徳と考えている」

これは東條英機が戦争末期に記者団に発した言葉です。新聞などでも報じられていますが、都合のよい論理だと思います。

戦争の内実を調べていてわかるのは、日本軍の組織原理がかなり卑劣だったことです。軍の上層部は兵隊たちに死ぬことを強要する一方で、自分たちは死なないことを考えていました。「俺も後から続く」と言って特攻機を送り出して生き残った上官たちの逸話などは、その好例です。

日本の軍事指導者が全員そうなのではなく、海軍にも「自分が率先して死ななければならない」と考え、命を賭して率先して作戦指導して死んだ指揮官はいました。こういう人こそ本当の軍人であり、私たちは個別にきちんと見極める必要があります。

私は反体制的な人間ではないし、現実の社会に矛盾があっても、「それなりの理由があるから存在するのだろう」と考える人間です。しかし、調べれば調べるほど、狡猾な人たちの戦史、狡猾な人たちの太平洋戦争史観だけは、何としても後世に伝えてはいけないと思います。それらを伝えていくことは、黙々と死んでいった人たちに対して礼節を欠くことになります。

昭和二十年（一九四五）に戦争が終わってから四十三年余を経た平成時代以降は、当事者たちの多くが亡くなっていくなか、「ずるい戦史」はどれかを見極めた上で、それによって刷り込まれた固定観念を壊していかなければなりません。

生身の証言を語り継ぐ戦友会

「命の軽さ」「命の安さ」という点では、ヒトラーやスターリンもそういう軍隊の使い方をしました。しかし、ルーズベルトやチャーチルの米英の軍隊は違いました。

たとえば、アメリカ軍では、「我々は今包囲された状態だ。武器はこれしかない。たぶん七、八割の兵士は死ぬだろう。それでも戦うか。あるいは、捕虜になるか。どうする？」というようなことを、兵隊に確認しています。

もちろん、最終的には上官が決めますが、一つの戦闘で兵隊を動かすときに、少なくとも兵隊の心理を重要視していたのです。ところが、日本は命令だけでした。しかも前述したように、指揮官の人生観や名誉欲によって、戦争での兵隊の命がいとも簡単に利用されたり、捨てられたりしたのです。

後述するインパール作戦は典型的ですが、そういうケースが日本軍には非常に多く、戦友会を取材して歩くと、いくつもの事例に出合います。

たとえば、サイパン戦で将校クラスだった人物が、ある戦友会に顔を出したとき、兵隊だった何人かに取り囲まれ、胸ぐらをつかまれて「あなたぐらい汚い人間はいない」「お前のために何人死んだと思うんだ」と罵《ののし》られているのを見たことがあります。

昭和十九年（一九四四）にマリアナ諸島方面の防衛を企図した「あ号作戦」で、サイパンは戦場になりました。地上戦に参加することは玉砕戦になると、兵隊の誰もがわかっていたのですが、その将校は仮病を使い、自分だけサイパンを出ていったそうです。

当時、サイパンやグアムを病院船が回り、重症者を東京に連れて帰りました。「あ号作戦」の実施前にも病院船がサイパンに来たのです。彼はそれに乗ったのですが、その際「サイパンを死守せよ」という命令を残した。指揮官や参謀本人がいなければ、命令を取り消す人がいませんから、兵隊たちは戦う以外にありません。元兵士たちがその将校を殴りかからんばかりに罵倒したのは、当然だと思います。

ここでしばしば触れてきた戦友会について、少し説明を加えておきます。

戦友会は、陸海軍の元軍人や元兵士たちが戦没者の慰霊と会員の親睦のために自発的に設立した民間団体で、最盛期の昭和五十五年（一九八〇）頃には全国に六千ほどあったと言われていません。しかし実際の総数はきちんと把握されていません。

戦友会は、元軍人や元兵士がみな入ったわけではありません。戦友会に参加しない人は、いくつかのタイプに分かれます。

共産党員、軍隊でリンチを受けるなどのひどい目にあった人、裏切りのような非人間的な行為をはたらいた人、戦争時の人間関係は真の人間関係ではないという信念を持つ人などです。

これは、ある高射砲部隊の戦友会で聞いた話です。

戦後、高校教師になった元兵士が、戦友会にまったく顔を出さなかったのに、あるとき目を血走らせてやって来て、上等兵だった人に「懐かしいですね」と言うや飛びかかり、首を絞めたそうです。周りの人が彼を引き離すと、そのまま帰っていったと言います。

軍隊で理不尽にいじめられたことの記憶がフラッシュバックしてきて、「許せない」と思い、とくに自分を痛めつけた上等兵を、本当に殺すくらいのつもりで来たらしいのです。「もし止めなければ、本当に殺していただろう」というほどだったそうです。教師として温厚で知的で冷静な人が、自分の人生がどうなるかという後先を考えないほど衝動的な行動を起こした。蓄積された憎しみの大きさを思わずにはいられません。

日本の軍隊ともっとも似ているのはソ連

戦争では、納得して戦って死んだ兵士と、納得できずに「こんな作戦のために」と思いながら死んでいった兵士たちがいます。

「なぜ、こんな作戦をするのだ」と兵隊が口にする代表的なものとして、昭和十九年（一九四四）三月から七月にかけて実施されたにビルマ（現ミャンマー）からインド北東部のインパールに進攻を企てたインパール作戦があります。

これは牟《む》田《た》口《ぐち》廉《れん》也《や》中将を司令官とする作戦でした。彼は後方の司令部で指揮を執り、前戦の兵隊には「絶対に引くな」という命令を出して、自分は生き残りました。戦後はパンフレットまで作り、いろいろなところへ行って「インパール作戦は間違いではない」という話を繰り返しています。

インパールには京都で編制された第五十三師団が派遣されていましたので、京都の元兵士たちに話を聞いているときに、私が「牟田口」という名前を出しただけで興奮し、「あの男が畳の上で死んだのは許せない」と怒鳴り出す元兵士もいたし、体を震わせて、「何人もの仲間が死んだのです。今、目の前にいたら、私は殺します」と言って、ポケットに入れた数珠を握りながら話した元兵士もいました。

水も食糧もなく、泥水を飲むとひどい下痢をして衰弱し、戦闘どころか行軍中の病死や衰弱死の方が多かった最悪の作戦です。

こういう話は当事者が誰かに証言し、あるいは密かに書き残すことによって後世に伝わりますが、インパール作戦の場合は言語に絶する悲惨さでした。では、他国の軍隊で同じような悲惨な状況を兵隊たちに課す国はどこかと見てみると、当時の日本軍ともっとも似ていたのはソ連軍です。

第二次世界大戦でソ連軍の戦死者は一千四百五十万人と言われていますが、ソ連軍の死者は戦場だけではありません。逃げ帰った兵士たち、あるいは戦場で弾薬が尽きたと言って撤退した兵士を、「戦闘意欲がない」という理由でスターリンは殺害を命じています。

日本はそこまでひどくはないとはいえ、ドイツの軍隊よりも、ソ連の軍隊と似ているのです。ドイツ軍はプロイセンからの歴史を背景に持つ国防軍であり、「ヒトラーの軍隊ではない」というプライドがあります。元々はプロイセン国王のための軍隊ですから、勇敢に戦って部下より先に死ぬのは名誉であり、将官がむしろ率先して戦うのです。

ヒトラーは自分のために死ぬことを名誉だと命じますが、ナチスの完全な信奉者はとにかく、ヒトラーに対して反感を持つ国防軍育ちの将校が大勢いて、何度もヒトラー暗殺を試みています。SS（シュッツシュタッフェル）と称するヒトラーお抱えの組織である親衛隊が軍隊のなかに入っていき、国防軍を抑えつけようとしたのはそのためです。

日本軍も「天皇の軍隊」であり、プロイセンのような騎士道的文化が育ってもよさそうなものです。それがなぜ、多くの理不尽な仕組みを持つ軍隊になったのでしょうか。

私は資料を集めて事実を精査していくなかで、三つの原因があると考えました。

一、天皇を利用しての無責任体系の確立。

二、陸大（陸軍大学校）の成績で恩賜《おんし》組（「恩賜の軍刀」を拝領する上位五番ぐらいの者）が自在に作戦を振り回したこと。

三、陸大の軍事教育が兵站《へいたん》を考えずに作戦だけを重視したこと。作戦中心の組織上の欠陥。

この三つを踏まえた上で、私はさらにもっと根本的な理由があるのではないかと考えています。

瀬島龍三はソ連と関わっていたのか

昭和六十一年（一九八六）から平成三年（一九九一）まで、私が集中的に取り組んだ二つの仕事の一つが、瀬島龍三の評伝を書くことでした。

瀬島はかつて大本営の参謀であり、戦後は「臨時行政調査会」の土光敏夫会長の懐刀として行政改革に関わった人です。

山崎豊子の長編小説『不毛地帯』の主人公のモデルだと言われましたが、著者の山崎氏は、いろいろな取材対象のイメージを重ね合わせたと述べています。瀬島もその取材対象の一人ではあるのですが、瀬島自身が「あれは自分だ」と話して巧みに利用していました。

余談になりますが、昭和と平成の変わり目のところで、瀬島龍三や大本営に関する取材をしたとき、昭和の時代には何も語らなかった元軍人が、平成になると証言してくれるようになってきたのです。私は昭和のある時期から戦争体験をつぶさに聞いたり集めたりしていましたが、平成になって状況が様変わりしたように思います。

それは「世直し」のようなものかもしれない、と感じます。つまり、昭和という時代の空気が、年号が変わったことで一新されたのではないか、ということです。

それはさておき、瀬島龍三は後世に証言しておかなければならない重要な体験を持っていました。

たとえば、シベリア抑留に関することです。

スターリンがソ連軍を北海道に駐留させ、社会主義の空間にしようと試みましたが、アメリカのトルーマン大統領が「日本は我々が抑える」と言って断ったことは、前章で触れました。

そこでスターリンは、北海道を取れなかった代わりとしてなのか、約六十万人とも言われる日本兵や民間人をシベリアに連れていって使役し、一方で思想教育を行い、彼らを日本へ返して革命を起こさせようとした。それがシベリア抑留の実態です。

そういう兵士教育とは別に、社会主義革命を起こすための指導者も育成しています。収容所という形を取った政治学校がモスクワの周辺にあり、ヨーロッパあるいはアジアで革命の指導者となる人間を密かに教育していました。

一九五〇年代から東ドイツの実質的な指導者となったヴァルター・ウルブリヒトは、収容所の捕虜教育を担ったスターリニズムの信奉者です。ソ連は「ヨーロッパを解放する」と称して、共産主義教育を受けた人物を指導者として各国に送り込み、共産主義政権を作ろうとしました。

日本に対しても同じことを考えていて、捕虜にした関東軍の優秀な将校——十二人とも言われるし、八人という説もあります——を集めて徹底した教育を行いました。

その収容所の内容は、誰もわからないことに一応はなっています。松本清張が『現代官僚論』で公安調査庁の組織を書き、少しは知られるようになりましたが、正確なところはまだわかっていません。

ただ、不思議な出来事がいくつか起こっています。

まず、ソ連で教育を受けたという関東軍の元軍人で、石油公団に入って幹部職員となった人物の死です。彼はパリの国際会議に出席するために飛行機に乗り、乗り継ぎで立ち寄ったモスクワの空港で急死しました。死因は心臓麻痺とのことです。

さらに昭和二十九年（一九五四）、駐日ソ連大使館のラストヴォロフ二等書記官がアメリカに亡命し、日本での諜報活動についての実態を暴露したとき（ラストヴォロフ事件）、「ロシアのスパイ活動に従事した」と名乗り出た元軍人が何人かいました。

ソ連による様々な対日工作のなかで、瀬島はかなり中心的な位置にいたと噂されました。しかし、そのことに関しては弁明を含めて一言も証言しませんでした。他にも終戦工作で何らかの役割を担ったはずですが、それについても証言を取れませんでした。

ただ、瀬島の評伝を書いた後で、私は不審な出来事に遭遇しました。

平成二年（一九九〇）前後のソ連の崩壊時に、ソ連のアカデミー、国立資料館などが資料を公開したのですが、当時、朝日新聞社発行の雑誌に連載していた私は、何度かモスクワに行き、資料を調査する機会を得ました。

そのとき、ある瀬島の関係者が来て、資料がどこにあり、どういうふうに管理されているのか、調べていったとロシアの研究者が洩らしていました。瀬島がその人たちを使って、ソ連に公開してほしくない資料を調べさせているのだろう、と当時の私は推測しました。

お粗末なほど資料を大事にしない日本

ソ連崩壊により資料が公開されたとき、各国が買い取りに動きました。アメリカのイェール大学は、第一回共産党大会から最後の党大会までの速記記録を全部買い取りました。また、イギリスのある出版社はソ連のＫＧＢの諜報活動資料をまとめて買い、分析に努めています。

ところが、日本に対しては国や公共団体や企業が資料をまとめて買う態度を示さないから、バラ売りされていました。私に資料一枚持ってきて、「これは日本共産党の野坂参三のことが書いてある。千ルーブルでどうか？　某テレビ局が千二百ルーブル出すと言っている」といって持ちかけられたことがありました。我々はなめられていると感じました。

資料に関して日本はまったく甘く、膨大な資料を収集・管理し、資料分析に基づいて問題を整理していく点では非常に後れています。

昭和二十年（一九四五）八月十四日から十五日にかけて、日本の公的機関は公文書を燃やしました。こんな国は、どこにもありません。当時の関係者に「なぜ、燃やしたのですか？」と聞いたところ、「戦後の軍事裁判で証拠になるから」と答えました。

きちんとした資料を残し、次の世代でそれを検証する必要性を考えていないのです。

戦争体験の検証をするにあたり、日本には様々な問題がありますが、資料管理の問題は深刻です。官公庁は今も資料に対していい加減ですが、日本国も国民も歴史資料を残すことに関して、お粗末なほど鈍感、ある意味では無責任です。

なぜ、無責任になってしまうのか。それは歴史的に考える視点を持たないからです。「後から歴史的にどう言われようが、知ったことではない」という考えが大多数ですから、資料を必要としないのです。

たとえば、戦争の資料を集め、歴史的体験の継承に努める作家がいたとします。しかし、息子の世代になると、その作家が集めた膨大な資料はあちこちに散逸したり、処分されたりしてしまっています。

仮にある国の代理人が訪ねて来て、「この部屋の資料をまとめて二千万円で買います」と言って、全部持っていき、将来「日本軍国主義はこんなことをやっていたのか」と研究材料にされたら、どうなるのでしょうか。

「そんな資料は嘘だ」「それは間違いだ」と反論したところで、こちらに資料の裏付けがないのですから、日本の言い分は信用されません。私たちはそういう危機的な状況に置かれているのです。

責任を持って資料を残し、資料で語り、資料を大切にする。少なくとも平成の時代には、それを模索する精神が芽吹きはじめています。これは非常にいい傾向です。

戦争をしていないという大きな財産

以下は雑談になるのですが、半藤一利氏と立花隆氏の二人は、「自分たちが生きた戦争のない時代は、良い時代だった。次の時代へ戦争について伝える仕事をしたい」と言っていました。しかし、お二人とも志半ばで亡くなりました。

もう一人、志半ばで亡くなった方に渡邉允《まこと》氏がいます。平成の天皇の侍従長を十年以上務めた方です。私もいろいろ教えていただき、何度か話をしたことがあります。

令和二年（二〇二〇）十二月に渡邉氏から呼び出しがありました。

「明治、大正、昭和が出ているのだから、平成の天皇の実録がいずれ刊行されることになるだろう。ところが、平成の天皇は資料が少なすぎる。そのための資料探しをやらなければならない。自分も進めるが、君も手伝ってくれないか」

「もちろん、喜んでお手伝いします」と私は答えました。

平成の天皇の実録が何年か先――いずれにしても私はこの世にいませんが――にはできるでしょう。そのときに「この天皇の時代に戦争が一回もなかったことだけはきちんと残したい」ということを、渡邉氏はおっしゃっていました。

私もその通りだと思います。現代史七十七年の間、戦争をしていないという大きな財産を、私たちは持っています。平成の天皇、皇后ご夫妻のご活動は、戦争を風化させず、語り継ぐことにつながりました。

平成の天皇のそうした行動について資料を集め、深く検証し、そこからわかることを正確に理解して次代に受け継いでいくのが、私たちの世代の役目だと思います。

第六章 「令和」からの新しい視点

「いかに戦わないか」という戦略論

私は二十世紀の戦争を調べていて、「軍人は本来、戦争をしないために存在する」ということが、だんだんわかってきました。

アメリカの軍事関係の英文資料を、辞書を引きながら読み進めると、二十世紀のアメリカの軍人のなかには「いかに戦わないか」を前提に「戦略論」を考えている層が存在します。それが本来は健全なのでしょう。

戦略論は「戦争が始まれば、いかに勝つか」ということですが、「いかにして、軍人は戦わないようにするか」という点もきちんと考えていたのです。文民支配下の軍人が持っていた戦争哲学には、まず「戦争を避ける」という前提があった。その点からすると、二つの世界大戦は彼らにとって、不本意なものだったはずです。

第一次世界大戦も第二次世界大戦も、民主主義を守るというテーゼの下に、アメリカはイギリスやフランスなどの連合国軍側について戦いました。言い換えるならば、アメリカの青年は民主主義というイデオロギーに命をかけたことになります。

国民の生命や財産に直接関係する危機であれば、もはや対外戦争は避けられません。それ以外の理由で戦争に動員するのであれば、アメリカの青年を納得させて戦わせるだけの戦略論がなければいけない。これがアメリカの軍人の考え方だと思います。

しかし二度の世界大戦では、「民主主義を守る」というだけでアメリカは戦争を始め、多くのアメリカの青年を失ってしまいました。元軍人の回顧録には、「これは残念なことだった」という記述がしばしば出てきます。

アメリカの冷静なグループの軍人たちが考える戦争目的は、政治家のルーズベルトやチャーチルとは必ずしも同じではないのです。ルーズベルトやチャーチルは、政治で話がつかないから、政治の代替として軍事力に訴えて戦争に踏み切りました。しかし、「いかに戦争をしないか」というアメリカの軍人の教えから読み取れるのは、戦場での勝ち負けを超えたところにある戦争哲学です。

しかし、ベトナム戦争以後、「戦争をしないための軍事論」は完全に崩壊しました。「共産主義と戦う」「テロ国家と戦う」というテーゼのために、二十世紀から二十一世紀にかけて、アメリカは多くの青年を戦場に送って戦死させました。これらは、あくまで政治の代替としての戦争でしかないのです。

第二次世界大戦では、何十万人もの兵隊が殺し合う結果となり、相手方を全面的に屈服させる戦争をすれば、果てしない泥沼に陥ることが教訓として残りました。ヒトラーを倒さなければならないのなら、全面衝突を極力回避し、ナチスドイツ内でヒトラーに反対するドイツの軍人たちと連携する作戦を模索するのが本当の戦略だ、ともアメリカの軍人の残した戦争史には書いてあります。

また、「独ソ戦に干渉せず、両方に戦争させておけばよい。ナチズムとコミュニズムが戦って、両方が消耗したときにアメリカが出ていき、戦争を止めるということで、戦争の要因を除去する」という戦略も考えられたと言いますが、これは「要因を除去する」ことが軍事の役割と想定された節もあります。

そういう「勝利の計画案」を、密かにアメリカの軍人は作っていましたが、日本が真珠湾を叩いて、いきなり全部否定されたために、アメリカは、「日本に勝つ」「ナチズムに勝つ」ということが戦争目的になってしまいました。そのために、戦争が悲惨さを帯び、相手を抹殺する戦争になってしまった。それは軍人が本来役割とする立場と異なると、彼らは言っています。

また、「日本の軍隊は精神主義的な軍隊だというが、そうとは思わない。指導者不在の戦争をやると、日本のような乱暴な戦争になる」と、アメリカの元軍人たちはよく書き残しています。

指導者不在であると同時に、日本の軍には戦争目的がなかったと、私は考えます。「大東亜共栄圏の確立だ」「政治が失敗して石油がないので、政治の代わりに戦争をやっている」と日本の軍人は言うのですが、大東亜共栄圏も自存自衛も戦争目的ではない。明確な戦争目的を持たずに、日本は戦争をやったのです。

アメリカの軍人の戦争目的は、前述したように「戦争の要因を除去する」ところにありました。マッカーサーが日本を占領したとき、その戦争目的を占領目的に置き換えました。つまり、「民主化することによって戦争の要因を取り除き、二度とアメリカに刃向かってこない国にする」ということです。

しかし、アメリカ、イギリス、あるいはドイツにもあったのですが、「軍人は本来、戦争しないことが役目である」という考え方が、歴史の表面上に出てくることはありませんでした。ですが、アメリカの軍人教育に、そうした戦略論があったことだけは知っておくべきだと思います。

日常が戦争によって壊される

昭和後期から平成、令和と時代が変わってきて、戦争体験を伝える民間の碑文などが隅に追いやられています。時代とともに記憶が薄れるのは仕方がないのですが、私たちはなぜ戦争体験を語り継ぐのかということを、もう一回確認し、何ができるのか、何ができないのかを整理することが必要でしょう。

戦争体験は、ある世代が体験した国民的な共有体験です。戦争を体験した大人たちから、私たちの世代は少年期に数多く聞かされました。そこで少年ながらに理解したのは、私たちの日常が戦争によって壊されるということです。

たとえば、人を殺《あや》めるのは、もっとも批判されるべき犯罪であり、重刑に科せられます。ところが、戦時になると、子供でも「一人十殺だ」などと言われる。つまり、考え方が逆転するのです。

平時に生きている日常のなかで、私たちが当たり前だと思っていることがいかに大事か、戦時のモラルや教育と比較してみるとよくわかります。

「敵を憎み、敵を殺す。そして、戦争に勝利する」

絶対的に方向づけられたなかで、あらゆる道徳、あらゆる思考がそこへ収斂していきます。

「人を殺してはいけない」

「暴力は否定されなければいけない」

「いろいろ問題があっても、話し合いで解決しなければいけない」

このような、平時で考えられている「当たり前のこと」が全部否定され、戦争の非人間的な要素が前面に出てくるのです。

つまり、日常の感覚が平時と戦時ではまったく違う。戦時においては、人間は平時の感覚を捨てなければ生きていけないのです。逆に言えば、平時と逆の発想をすることが、生きていく前提になるわけです。

だから、どんな善人でも戦場に立てば鬼になってしまう。殺さなければ殺されるからです。

しかしある友人が、こんな格言を語ったことがあります。

「人を殺そうと思って刀を振り上げたけれど、『私にはできない』と言って刀を捨てたときに、人は聖者になる」

刀を振り上げたときとは、人間が「戦争という日常」に入ったことを意味し、刀を捨てたときとは平時の感覚に戻ったことを意味すると理解できます。戦時から平時に戻ることは人間誰もが聖者になるということです。

戦争が人を殺すことは、もちろん怖いことだけれども、日常の感覚までが変わってしまい、暴力、殺人など、平時では犯罪となるものが美化されていくのが戦争の怖さの本質です。その怖さを自覚し、伝えていくことは戦争体験を継承する柱の一つなのです。

沸騰するナベのなかに手を入れない

戦争体験の継承で問題となることの一つに、「語り伝えるときの感覚」の変化があります。戦争体験を持つ人が、持たない世代に伝えるとき、「沸騰するナベのなかに手を入れるとやけどをする」という表現がわかりやすい。「沸騰するナベ」とは戦争です。

私は戦争が終わったときに五歳でしたから、戦争体験はほとんど持っていません。

しかし、「あなたは、本当に沸騰するナベのなかに手を入れてやけどをした人を見たことがありますか？」と言われたら、実際にはないのですが、大やけどすることは想像できますので、手を入れようとは思いません。

これは戦争体験にも通じることで、「沸騰するナベに手を入れてやけどをした人を見たことがない。でも、手を入れるとやけどをすると、祖父母も両親もみんな言っていた」と答えたなら、それが継承です。

しかし、時代を経るにつれ、「沸騰するナベに手を入れるとやけどをする」という言葉を口にする人が「沸騰するナベに手を入れること」を想像できなくなり、「本当にやけどをするのか」と思うようになります。現在の日本は、そのような「継承が薄れていく状態」にあると言えるでしょう。

さらに何世代か後には、本当かどうか試そうと、沸騰するナベのなかに手を入れる人が出てくるかもしれません。歴史を見ていると、四世代か五世代後、つまり百年ほど過ぎると「沸騰するナベに手を入れる人」が現れる危険性があります。

こんな話をしたのは、「戦争体験を感覚的に語ることが通用する時代がある。だが、やがて通用しなくなる時代が来る」ことを指摘したかったからです。「沸騰するナベのなかに手を入れるとやけどをする」と、感覚で言っているだけでは持続性が弱いのです。そこで大事になるのが「論理」だと、私は考えています。

「百度の煮えたぎったお湯に、体温が三十六、七度の人間が手を入れたら皮膚はやけどをする。体の三分の二以上がやけどをしたら死んでしまう」

と説明されたら、誰しも納得するはずです。

戦争体験にしても、Aという国とBという国の利益が相反するとき、どういう形で戦いが始まって、どういう結果になったかを論理的に説明することによって、説得力が加わります。

感覚的なものと論理的なものの二つがそろって歩みを進めていくことが、戦争体験の継承を持続可能なものにする方途だと考えます。

令和の時代に戦争体験をどう語り継ぐか

令和という時代は、昭和後期や平成とは違って、戦争をまったく知らない世代が「戦争体験を語る役割」を担っていくことになります。どういう形が望ましいのか。

それは令和の天皇を見ればわかります。天皇陛下は昭和三十五年（一九六〇）生まれですので、戦争体験はまったくありません。けれども、父母を通して、戦争がどういうものかを知っておられるのでしょう。八月十五日には、戦争の悲惨さを国民に伝えるスピーチを、自分の言葉で語られています。

私は令和の天皇が戦争体験をどのように継承するのか、おおいに関心を持っていました。

令和の天皇は人格的に優れた方です。しかし変な表現ですが、良い人というのは、どこへ行っても良い人なのです。それは素晴らしいことですが、下手すると誰かに利用される恐れがあります。それを危惧したのです。

しかし、令和四年（二〇二二）五月十五日の沖縄復帰五十周年のメッセージを聞いて、無駄な心配だったと思い直しました。

「大戦で多くの尊い命が失われた沖縄において、人々は『ぬちどぅたから』（命こそ宝）の思いを深められたと伺っていますが、その後も苦難の道を歩んできた沖縄の人々の歴史に思いを致しつつ、この式典に臨むことに深い感慨を覚えます」

「一方で、沖縄には、今なお様々な課題が残されています。今後、若い世代を含め、広く国民の沖縄に対する理解が更に深まることを希望するとともに、今後とも、これまでの人々の思いと努力が確実に受け継がれ、豊かな未来が沖縄に築かれることを心から願っています」

沖縄の戦時下の苦難の歩みに思いを寄せ、まだ様々な課題が解決されていないことをバランスよく的確に述べておられたからです。

昭和天皇も平成の天皇も、「苦難の道を歩んできた」とおっしゃるときは、戦争中のことを指していました。ところが、令和の天皇は、戦後も「苦難の道を歩んできた」と言われた。これは在日米軍の基地問題への配慮を示しておられると考えられます。

そう読み取れるがゆえに、令和の天皇が沖縄の問題に関して、誰かの意見ではなく、自立性を持って発言されたことがうかがわれます。

平成の天皇はいろいろなメッセージを出されましたが、平成三十年（二〇一八）八月十五日の全国戦没者追悼式での「おことば」に「戦後の長きにわたる平和な歳月に思いを致しつつ、ここに過去を顧み、深い反省とともに」という一節がありました。令和二年（二〇二〇）八月十五日の全国戦没者追悼式の令和の天皇の「おことば」も、その思いを受け継いだ内容になっています。

平成の天皇のメッセージを令和の天皇が受け継いだように、これからも天皇の代替わりごとに、戦争の教訓がうまく継承されていくことを期待せずにはいられません。令和という時代のなかで、国民の統合の象徴である天皇家が戦争体験を語り継ぐ役割を果たしているというのは貴重なことです。

戦争を考えるときの三つの世代

これは前述したことですが、戦争では二十歳を過ぎた人たちが多く戦場に駆り出されます。ある戦争が起こると、兵士として動員される年齢層が定まってきます。

明治二十七年（一八九四）から二十八年までの日清戦争では、明治四年（一八七二）、五年、六年頃の生まれの人たちが徴兵令の下でこの戦争に参加しました。

また、明治三十七年（一九〇四）から三十八年までの日露戦争は、明治十六年（一八八三）、十七年頃に生まれた人たちが二十歳です。

昭和十六年（一九四一）の徴兵検査で、大学に行かなかった人たちは、甲・乙・丙・丁・戊のランクのうち乙種合格でも軍隊に引っ張られました。太平洋戦争でもっとも多く亡くなった世代は、大正九年（一九二〇）、十年、十一年、十二年頃の世代と考えられます。

その十歳ぐらい下の昭和五年（一九三〇）、六年頃に生まれた人たちは、小学校を卒業して中学校に入る頃、戦時から平時へと価値観が大きく変わります。

教科書を墨で塗りつぶすよう言われ、昨日まで「天皇のために死になさい」と命じられていたのが、「みなさんの命は大切です。大事にしてください」と教えられるようになりました。

その下の昭和十四年（一九三九）、十五年、十六年頃に生まれた人たちは昭和二十一年（一九四六）頃に小学校――当時はまだ国民学校と呼ばれていましたが――に入り、十年上の人たちと同じく、大きく変わった価値観の下で教育を受けました。

太平洋戦争を見るときに、大正十年、十一年頃の生まれ、昭和五、六年生まれ、昭和十五、十六年生まれの三つの世代は、それぞれの心理的な苦しさ、辛さを歴史的に与えられたと言えます。

大正生まれの人は、戦争の末期には学徒出陣などで動員され、なかには特攻隊員として多くの人が亡くなりました。

『きけ　わだつみのこえ』という本に七十四人の遺稿が入っていて、特攻隊の人は二十四、五人の手記が収められていますが、大正十年、十一年、十二年生まれぐらいの人が七割ほどを占めています。

昭和五、六年生まれと昭和十五、六年生まれは、兵隊に取られて死んではいないけれど、価値観の混乱がありました。

私は昭和十四年十二月生まれです。ほぼ戦後民主主義の第一期生と言っていいのですが、今でも覚えているのは、小学校一年、二年、三年頃に何度も「日本は悪い国でした」と先生から教わったことです。

「東條英機という愚かな首相がいて、アメリカに戦争を仕掛けた。アメリカは東條を懲らしめるために日本と戦って勝ち、今、占領されている」

こうしたアメリカナイズされた教育のなかでは、とても戦争体験を継承していくことはできません。政治的に利用された形ではなく、日本人が自覚して戦争を語り継がなければいけないのです。

私が住んでいたのは北海道の札幌と函館の中間地域で、やはり北教組（北海道教職員組合）が強かったこともあったのでしょう。地域によって違うでしょうが、教育現場でそういう継承が行われたことは、前の世代の欲求不満が私の世代にぶつけられたのだと思います。

戦争が作り出すモラル

学校で教えられることが「天皇のために死になさい」から「みなさんの命は大切です。大事にしてください」に変わるという極端な逆転が、戦後日本の教育現場では発生した。

それはなぜなのでしょうか。

アメリカの教育内容が良いとは思いませんが、アメリカにあっては軍需工場などで「戦争のなんたるか」「戦争に対する怖さ」を教えていました。その一方で、平時の感覚のラジオ番組が放送されるなど、日常生活には戦時と一線を引く平時の空間がありました。戦時と平時の両方があることで、「今は異常な事態なのだ」と理解できるわけです。

日本は一〇〇パーセント異常な時代になってしまい、平時の価値観がどこにも残っていなかったのです。もし残っていたら、非戦分子、反戦分子として捕まってしまいます。だから、一〇〇パーセントおかしくなるのです。

どこの国でも、戦争になると価値観が変わり、人間の一番嫌な面が社会全体を貫く芯になっていきます。では、戦争が終わったら、すぐに平時の価値観に戻れるかというと、一〇〇パーセント戦時のモラルになっていた日本は、そう簡単にはいきませんでした。考え方を平時の感覚に戻すための負担は、決して小さなものではなかったのです。

また、戦争が終わると、戦争体験や戦争で受けた様々な傷をあらゆる面で整理すべきだったのに、日常のなかで平時の教訓としていないため、それぞれがバラバラで「中途半端」な感じがします。だから、ただ「戦争反対」というスローガンだけになってしまうのです。

もちろん、人を殺す戦争は嫌悪すべきです。だから、戦争反対はわかりますが、大事なことはそれだけではないのです。戦争反対と言うよりも、戦争が作り出すモラルに対し、どれほど反対しなければならないかを、骨身にしみて感じとる必要があります。

ロシアがウクライナに攻め入った後、ウクライナの人たちが難民として国を出ていきました。国に留まっていると命が危ないということもあるでしょう。同時に、ウクライナに残っていると、戦争の価値観やモラルがその社会を覆います。戦争が終わって、もとの生活に戻るときに、たとえば子供たちがどれだけ苦労するかわかりません。

身の安全はもちろんながら、「戦時の特殊な価値観の世界から出て、平時の日常に身を置きたい」ということも、国外避難の理由にはあるのだろうと思います。

それが徹底されている理由は、ウクライナや支援するヨーロッパの国々が、できるだけ一般の人に価値観の逆転を教えたくないと考え、戦時のモラルは、戦っている兵士たちだけが受け入れればいいと考えているのではないかと想像します。

何を目的にして戦争体験を語るか

戦争体験を学ぶ、そして語る努力に加えて、日本人には「歴史を踏まえながら国際社会にお返しをしていく」という姿勢が大切です。ところが日本人の昭和の戦争の語り継ぎ方は、そうした発想とは切り離されています。

アジアをひどい目にあわせてしまった「申し訳なさ」が勝ちすぎ、とくに満州事変から日中戦争、太平洋戦争あたりのことは、むしろ触れずに済まそうとしがちです。しかし世界に堂々と語れないのは、戦争体験を十分に消化していないからです。それゆえに自信が持てず、語り口が弱くなっているに過ぎません。

戦後、日本はただの一回も他国と戦争状態になったことはないし、軍事で人を殺めたこともありません。たまたま幸運な形で戦後の国際社会に身を置いてこられた側面は大きいにせよ、非軍事色の憲法を掲げ、八十年近くにわたって戦争を行わなかった理由は、昭和二十年までの戦争の歴史を突き詰めれば、答えが見えてくると思うのです。

もちろん、日本が現憲法の下で、「国際協調のためであっても、日本は軍事的な協力を一切行わない」としている以上、「その分どこかの国の誰かが犠牲になっている」と、一段高い想像力を持って考える姿勢が大切です。

日米安保条約が機能するならば、日本に防衛上の危険がおよんだとき、アメリカ軍と共同して事態に対応し、敵対国と軍事衝突が起これればアメリカ人の兵隊が死ぬケースが起こり得ます。日本のためにアメリカの兵士が犠牲になるこの仕組みは、たしかに後ろめたい防衛関係なのです。

しかし、現憲法がある以上、一国平和主義を徹底的に貫くというのであれば、鎖国状態になってでも私たちが自立し、強靭な平時の論理の世界を作り上げることです。そのためには、否が応でも戦争体験の検証を強力に推進していく必要があります。

戦争体験をなぜ検証し、学ぶのかについて、私は次の五つを挙げます。

一、戦争体験世代の教訓はその国の歴史的遺産である。
二、ある世代の戦争体験は非体験世代の身代わりである。
三、戦争を選択した指導者は何世代にもわたり責任を問われる。
四、国が国民の生命と財産を守る義務を放棄した罪は大きい。
五、戦争の相手国の記憶と記録に対峙する覚悟が必要である。

いずれも私たち自身の問題であり、次の世代に語るときには、私たちが矛盾のある問題にぶつかって解答を出しながら伝えていくことが大事だと考えます。

戦後処理の問題にきちんと向き合う

令和の時代になっても、日本は太平洋戦争の戦後処理に関して問題を抱えています。大きな問題の一つとして、遺骨収集や戦跡の調査・保全などが全体には放置状態にされています。日本政府はまったく無頓着というか、要するに知らぬ顔をしています。

南方の島々などで多くの日本兵が命を落としました。戦争の内容についてはいろいろ批判があるにせよ、国として正式にプロジェクトを立ち上げ、遺骨を収集して、戦場に赴いた人たちへの追悼と慰霊を行うのは、国家の負うべき責任です。

戦争の時代にめぐり合わせて亡くなった人への国家の義務に、私たちの国はほとんど無神経でいると言っていいのです。遺骨を収集しているのは民間有志、および活動の一部を国に援助されている団体などです。

以前に私は、シベリア抑留の遺骨収集に関わりました。ある時期からロシアが資料を出してきて、比較的場所を特定しやすくなったのですが、それ以前は「この辺に埋めた」「あの辺に埋めた」という記憶を頼りに、遺骨を収集する作業を行っていました。

ただ、民間主体の進め方には、いろいろと問題があります。たとえば、フィリピンやニューギニアで、日本兵の骨を見つけた現地の人にお金を渡していた時期があります。すると、日本兵の骨と言って犬や猫の骨を持ってくることが起こりました。

また、戦跡の範囲があまりにも広いことも問題です。今では人が足を踏み入れられないような地域にまで、日本軍が入っていたのです。たとえば、インパール作戦では、沼地で日本兵が足を取られて亡くなったりしているのですが、その一帯は今、ほとんど人が足を踏み入れないため、遺骨を収集しようがありません。

遺骨を拾うことが時間的・経済的・人為的に無理という事実は、あの戦争で日本がどこまで手を広げたのかということを暗黙のうちに物語っています。

一方、アメリカは今でも第二次世界大戦時の兵士の遺骨の所在を調べているといいます。十年ほど前のことになりますが、「この地に捕虜収容所があったけれど、アメリカの捕虜はいたのか。資料があるのではないか？」とアメリカのジャーナリストが、日本の関係機関に尋ねたら、「資料ではアメリカ兵がいたことになっているが、その資料は勝手に作ったもののようだ」という回答があったと言います。

アメリカ政府は、そうして資料を調査・作成し、きちんとチェックしています。

それに比べて、私たちの国はどうして無責任なのでしょうか。国が命令して国民を戦争に連れていき、死んでも知らん顔。国のために命がけで戦った人が報われるようなシステムになっていないのです。

防衛費を二倍にするとか、軍事費がどうだとかと言うのなら、そういう予算でまず遺骨を収集して、戦後処理の問題をきちんと果たすべきです。それをしないならば、日本政府は基本的に信頼できるのかどうかを、常に国民から問われてしまうでしょう。

支持政党や政治思想とは関係ありません。国の姿勢の問題ですから、与党だけでなく野党にも責任があります。遺骨の収集と慰霊に関して恒常的に運動してきた代議士は、野党にもいないのです。

日本の政府は戦争の後始末一つできないという事実を、私たちは肝に銘じておく必要があります。

「戦争体験の記録」をどう読むか

本章の最後に、「戦争体験の記録」として重要な資料である「戦記」の基本的な枠組みに触れておきましょう。

戦記には誇大に脚色されている、ないしは事実とかけ離れているものがかなりあります。戦記を読むとき、何に気をつけるかは重要な問題なのです。

戦記は戦争の当事者たる兵隊や参謀、あるいは従軍した新聞記者などが、戦後になって執筆したものです。戦記を読む大前提として指摘しておきたいのは、それが生者の記録、つまり生き残った者の記録であるということです。

生者の目から見た「死んだ人たちの記録である」ということを忘れてはいけません。戦記を読むときの態度として、「生者の記録のなかに死者がどのように生きているのか」「書いた人は死者のことをどう思っているのか」を常に意識しないと、死者に対して失礼だというのが私の考えです。生き残った者が、先に死んだ者を書くという行為は、どうしても書き手の主観、恣意的な考えが入り込むからです。

以上を前提として、戦記にはどのような種類があるのかを考えてみると、大きく五つに分けられます。

第一は、「大本営がこういう命令を出した」「部隊からこういう戦闘報告が来た」という「命令と報告」をもとにした戦記です。

この種の戦記は大本営の参謀が書いたものが多いのですが、はっきり言えば軍官僚の作文で、「我々の作戦の失敗が兵隊の死につながった」という反省はあまり見られません。こういう戦記を読んで、日本軍は優秀だったと言う人がいますが、この類の戦記を参考文献として引用している書籍を、私はなるべく信用しないことにしています。

第二は、南方軍、支那派遣軍などの方面軍司令部にいた参謀が書いたもの、すなわち大本営の命令を受けて、隷下の部隊に命令を出す立場にいた人たちによる戦記です。

これは、自分たちの責任逃れと、日本の戦争を肯定するための戦記であり、都合のいい内容になるように事実を取捨選択して書かれています。たとえば戦時下の虐殺に関する記述では、南京に入った部隊のうちで虐殺しなかった部隊を選んで取り上げたりしているのです。

ただ、第一の戦記と違う点もあります。書き手である参謀たちの苦悩が出ていて、人間的な息吹が感じられる。その点では、軍官僚の作文とは違います。

第三は、個々の兵隊たちの戦記です。

一兵隊は将棋の駒のようなものですから、作戦全体のことはよくわかりません。しかし、自分がどのような場で、どのように戦ったかという体験上のことは非常によく伝わります。

第四は、戦友会で出した戦記です。

戦友会はだいたい将官クラスが会長になり、戦記を共有化する機関のような役割を果たしているのですが、なかでも兵士たちだけで作った戦友会による戦記は、誰に遠慮なく体験したままの真実が書かれています。

第五は、プロパガンダ戦記です。

戦場にいなかったにもかかわらず、伝聞と大東亜戦争肯定論の立場で恣意的に書いたものです。これは嘘八百が多いのだけれども、一般の読者にはなかなかそこがわかりません。

以上の五つのうちで、もっとも信用できるのは戦友会が出した戦記です。

とくに兵士だけの戦友会で出した戦記は一番信用できます。みんながお金を持ち寄って、謄写版で作った五十ページぐらいのものが多いのですが、兵隊の悲しさを含め、比較的正確に書かれています。

ところが一般的には、作戦を指導した当事者である大本営の参謀による戦記が正しいと思われています。大本営の参謀は戦後、社会のエリート層に属した人が多く、お金をかけて戦記を作ることができました。写真も豊富で立派な装幀が多いのですが、どうしても旧軍を擁護する立場にある人物ですから、虚構が入っているので要注意です。

きちんと戦記を読みとく力を持たないと、私たちは戦争体験を誤って語り伝えることになります。

戦後に書かれた戦記の他に、兵隊たちが戦場で書いたものとして、手紙類があります。

ただし、これは検閲を受けたものです。反戦的なことを書いたら、その手紙は許可されません。検閲の目的は、軍の秘密漏洩防止だけではなく、責任逃れでもあるのです。

ある学徒兵は、上官の将校からこんなことを言われたそうです。

「こういうことを書かれると俺が困るのだ。部下を掌握する能力がないと言って、月給が下げられたり、激戦地に飛ばされたりする。こういうことを二度と書かないでくれ」

これが検閲の実態です。

自分がどんな兵隊教育をやっているかが、手紙の内容でチェックされる。「戦争なんか嫌だ。脱走したい」と書かれていたら、上官の将校の責任になるのです。

手紙の他に、実は戦場では日記が書かれています。

兵士が日記をつけることは禁止されたのですが、紙と鉛筆があれば、日本人は日記を書こうとする性質があり、戦況の良いときは、誰もが日記を書いたりしています。戦況が悪化すれば、まず生きていくことが大事だから、日記を書く余裕はなくなります。しかし、そういうなかでも紙と鉛筆を探して、日記を書く兵隊はいました。

紙と鉛筆に余裕がない場合は、和歌を書き残す。その和歌を戦後、戦記としてまとめた戦友会誌が、いくつもあります。

第七章「二〇二三年」は どのような歴史の転換点か

ウクライナ戦争を見て近代日本を検証する

令和四年（二〇二二）二月、ロシアがウクライナを軍事侵攻したことで、新しい状況が二十一世紀に生まれてきています。

本章では、ロシアのウクライナ軍事侵攻の本質とは何かを考えます。

ロシアのウクライナ侵攻で、私たちは二つのことに驚きました。

一つは、「まるで二十世紀型の帝国主義戦争ではないか。そんな質《たち》の悪い侵略戦争が二十一世紀にも起こるのか」という驚きです。「二十世紀型」というのは、たとえば昭和六年（一九三一）九月の満州事変です。日本の関東軍が謀略で兵を動かし、旧満州（現在の中国の東北地方）に大軍を送って全土を制圧し、やがて満州国を建国しました。

あるいは、ドイツが昭和十四年（一九三九）九月にポーランドに侵攻して制圧し、第二次世界大戦に入っていったこともそうでしょう。

いわば「軍事大国が周辺の弱い立場の国を謀略と軍事侵攻によって制圧し、自分たちの支配権のおよぶ空間に変えていく」というのが満州事変であり、ドイツのポーランド侵攻でした。

戦後の国際社会のなかで、「そういう戦争はもう起こらないだろう」と誰もが思っていました。しかし、二十一世紀に入って二十二年目に、二十世紀前半と同じような軍事行動をロシアが始めたのです。

ロシアの指導者であるウラジーミル・プーチンの頭のなかは、二十一世紀ではなく、まだ二十世紀のままだと言えます。二十世紀の戦闘方式、二十世紀のソビエト連邦への固執、自国の論理だけで他国を大軍で侵略する二十世紀的なやり方……。プーチンの頭のなかがこうしたものであることは、今度のウクライナ戦争でよくわかります。

一方、プーチンは西側諸国に対して不信感と怒りを持っています。

その理由の一つに、「独ソ不可侵条約の秘密協定によって、スターリンはヒトラーと裏で手を結んだ。これが第二次世界大戦勃発を後押しした」という西側諸国の見方が、我慢ならないことが挙げられると思います。

第二次世界大戦がドイツとソ連の野合で始まったことは、私たちの国にとっても驚きであると同時に、日独伊三国軍事同盟を結んでいた日本は、その野合の影響から逃れられない流れのなかで日中戦争、太平洋戦争を戦いました。

背後の安全を担保したヒトラーがポーランドに侵攻して第二次世界大戦が始まり、一方の日本は、「日中戦争が解決しないのは、アメリカ、イギリスが中国を支援するからだ」として、真珠湾を先制攻撃しました。世界の認識から言えば、日本とドイツが世界大戦の共同挑発人ということになります。

ロシアに攻め入られた直後のウクライナ政府が、第二次世界大戦の元凶としてヒトラー、ムッソリーニ、昭和天皇の肖像を並列に掲げてツイッターに投稿し、日本政府の抗議で昭和天皇を取り下げるといったことが起こりました。これは国際社会のなかに根強く残っている日本を見つめる目の一端を物語っています。

第二次世界大戦では、日本はドイツの快進撃に過度の期待を寄せ、主体性なく、その場その場での軍事的対応によって、戦争に深入りしてしまいました。そのことも、改めて検証しなければいけないと思います。

付け加えておけば、当時のソ連は他国と条約を結ぶときに、必ずその裏側で秘密協定を結んでいたことが、二十世紀の終わりから二十一世紀にかけて明らかになってきました。日本にも北方領土問題で、その弊害がおよんでいます。

昭和二十年（一九四五）二月のヤルタ会談で、スターリン、ルーズベルト、チャーチルによる戦後処理の話し合いが行われました。

そこでルーズベルトから「対日戦で第二戦線を作りたいので参加してほしい」と言われたスターリンは、「参加してもいいが、我々の国がこれまで日本と戦って失ったものは全部返してもらう」と条件をつけました。ルーズベルトはこれを認め、ヤルタ会談の裏の議定書が作られました。

秘密協定でスターリンの要求を容認したから、アメリカは樺太の問題、北方四島の返還問題に口をはさめないのです。同盟国と言いながら、日本が主張する北方四島の返還に関して、アメリカの強い支援がないのは、そういう事情があります。

異を唱える者は全部敵と見なす

スターリンとプーチンという二人の指導者に共通する性格は、何でしょうか。

まず、独裁者としての資質は、かなり似たところがあります。

たとえば、二人とも国民に対しての責任を、さほど感じていません。どちらも「一人一人の国民の顔を想定する感受性がない」と言っていいでしょう。

彼らにあるのは、「自分の独裁帝国を作ること」だけです。それを絶対的な真理と位置づけ、異を唱える者はすべて敵と見なし、徹底して排除するのです。

「スターリンの粛清は、ソ連の社会主義体制を維持するためには必要だった」という論者がいますが、必要だったと言うわりには、「こんなに簡単に自国民を大量に殺していいのか」と言いたくなるほど多人数の国民を粛清しています。

「スターリンを批判した」

「社会新体制に対して批判を述べた」

「第二次世界大戦でのソ連の戦い方に不満を漏らした」

どんなことであれ、スターリンに異を唱えたら、逮捕されて形式上の裁判にかけられ、多くは銃殺刑になります。したがって、国民はスターリン批判ができなくなりました。

プーチンもまさに今、そうなっています。自国の利益に反対する者は敵だと明確に意思表示し、反政府的な主張をインターネットで流したりすれば脅迫を受け、いずれ逮捕されます。

まだスターリンのような残虐な粛清までは行っていないようですが、もし反政府的な人たちが粛清されるようになったら、プーチンはスターリンとまったく同じ道を歩み出したと言っていいでしょう。

平成五年（一九九三）、六年頃になりますが、旧ソ連でＫＧＢ（国家保安委員会）に所属していた八十代、九十代の人から話を聞いたことがあります。つまり東西冷戦時代に諜報活動に従事した人たちです。

当時は、それほど有名ではなかったので、プーチンの名前は出てきませんでしたが、「KGB出身者が指導者になると、自分たちから見ても怖い」「アルコール依存症になって、正常な判断ができなかったりする」などと、彼らは言っていました。

それに重ねて、「ロシアの場合、もっと怖いのは妄想を抱く人ではないか。帝国を作り、その中心に私が座るというような妄想を抱く人物が指導者になったら、国民は大変なことになるのでは？」と私が尋ねると、「KGB出身者が大統領になることはあり得ない。ロシアはそれほど人材がいないわけではない」と否定されました。

しかし人材はいたはずなのに、KGB出身のプーチンが大統領になりました。これはどういうことなのでしょうか。

それだけの強引な政治力を使ったのだろうと、私は考えています。プーチンの使った政治力とは、ライバル、あるいは自分に敵対する勢力を排除することです。ときには社会的、政治的にその人物の影響力を削ぐことに意を用いたでしょう。

そのプーチンのなかで今、妄想が肥大化していっています。

「アメリカが攻めてくるのではないか」

「アメリカの送り込んだテロリストが自分を殺害するのではないか」

そういった妄想が強くなればなるほど、「核の脅威」が増していきます。正常な判断とは別のところで「核の脅威」が増すのは、非常に怖いことです。

核のボタンを押した結果、何万、何千万の人が亡くなろうが、ロシアの栄光が守られるならかまわない。プーチンがそういう発想をする危険性を、今や無視できないと考えられます。

ただし、ロシアの近くまでNATOの軍隊がやってくれば、喉元に武器を突き付けられるようなものだから、その軍事的不安定に対するロシア人の気持ちがわからないではありません。

ロシアとウクライナの戦争について、ロシアを批判すべき点はあまりに多く、ウクライナの人たちと連帯する気持ちが大きいのは当然ですが、一方でロシアの言い分も賛成はしないが理解しておかなくてはなりません。

しかし、自らのウクライナ侵攻によって、スウェーデンまでNATO加盟に動き出しました。結果として、ロシアはますます孤立していきます。孤立したプーチンが、最終的にどういう心理状態になるのかを考えれば、情勢は一段と不安定さを増していくのだろうと思われます。

平成五、六年に会ったKGBの人たちは「KGB出身者が大統領になってはいけない。最後に何をするかわからない」と話していました。そういう怖さを、私たちは記憶しておかなければなりません。

実態がつかめない新しい形の戦争

ロシアによるウクライナ侵攻は、二十世紀型の帝国主義戦争だと述べましたが、一方で、二十世紀とは違った新しい現実が見えてきています。それは、プーチンのウクライナ侵略を通して、二十一世紀に生きる私たちが論理の変更を迫られていることです。

今回の戦争が二十世紀の戦争と大きく異なる点の一つは、ロシアもウクライナも、それぞれの多くの国民が出国し、戦争から身を遠ざけたことです。それは、戦争が「限定された地域」の「限定した兵士たち」の戦いになっていくことを意味します。ロシアとウクライナの戦争は「二十一世紀の新しい形の戦争はこうなる」という姿を象徴しているように思えます。

二つ目は、戦争報道です。二十世紀の戦闘であれば、ベトナム戦争にしても「ベトナム機械化部隊の第何師団は、何とかの平原地域で、アメリカ軍の第何部隊と激戦、死者何人」と必ず「戦う単位」が報道されていました。

しかし、ウクライナ戦争では「戦う単位」が報道にまったく出てきていません。それは、戦いが秘密裏に行われていて、現場にメディアが入っていないことを物語ります。

残酷な新兵器を使っている可能性もうかがわれ、「戦争が持つ究極の怖さに近づいている」とも言われています。根拠のない不安と言えばそれまでですが、軍人たちが表に出さない悲惨な現実があるように推測されます。

私たちは日本で食事をしながらニュースを見て、「大変だ」と話しています。けれども、ウクライナに残って戦っている兵士たちや民間人の間で、戦争はかなり残酷な形で進んでいると見て間違いありません。

不当な侵略を受けた国に援助を惜しまないのはもちろんですが、一方で戦争に巻き込まれないように距離を保つためには何をすべきなのか。そのことを真剣に考えなければならない時代に、私たちは生きることになってしまったのです。

今、戦争を終わらせられる指導者がいない

ソ連のスターリンが独裁者として存在していたとき、イギリスはチャーチル、アメリカはルーズベルト、フランスはド・ゴールと、各国には著名な指導者がそろいました。

その他にも、蔣介石、毛沢東、ホー・チ・ミン、ガンジーなど、各国に指導者として歴史に名を残す人たちが多数出ています。

しかし現在、そういう指導者はいません。

国際世論を引っ張っていけるほどの指導者が、世界を見渡してもほとんどいなくなっています。これは二十一世紀の危険な兆候です。戦争を終わらせるための論理や思想が提示され、人々がそれに納得する展開がなくなれば、いつまで経っても戦争が継続します。終わりの見えない戦争ほど、怖いものはありません。

いずれにしても、二十一世紀は指導者間の政治思想、軍事哲学をかけた戦いの時代になると、私は考えています。

最終的にどの国が優位に立つかは別にしても、「人類がどういう方向に向かって生きていけばいいのか」への答えを持っている指導者の国が、発言力を増すべきでしょう。

その指導者となるのは誰か。プーチンではあり得ないことは、誰もが知っています。プ

ーチンがその役を引き受けたら、二十一世紀はとんでもない時代になります。

　では、私たちの国はどうなのか。

　岸田文雄首相を批判するつもりはありませんが、すべてにアメリカの後をついていく姿に、主体性ある外交姿勢は感じられません。

　また、ロシアの不正義による暴力（軍事行動）に対抗するために、ウクライナ側もまた暴力（軍事行動）で対抗するというのが現在の構図です。

「不正義の暴力には、正義の暴力をもって対抗するのが真の抵抗である」というテーゼが実証されたと言うこともできますが、「正義もまた暴力が必要だ」と示されているのを良いことに、「軍事費を二倍にしよう」「憲法を改正しよう」という意見が出てきました。

　前章で述べた太平洋戦争の遺骨収集の努力をしないことと、防衛費を二倍にすることの相関関係について、まずは真剣に問題にするべきでしょう。

　第二章で触れたことですが、昭和十六年（一九四一）十二月八日の真珠湾攻撃から二、三日して、ルーズベルトは議会で演説し、またラジオを使って国民に向けても演説しました。

　その演説のなかで、「日本とドイツとの戦争が始まった」「この戦争で講和交渉は一切しない」「この戦争はドイツや日本が無条件降伏するまで我々は戦う」「そして二度とこの二国が戦争をできないような国にする」といったことを語りました。

今度のロシアとウクライナの戦争の背景に、ロシアを徹底的に敗北させ、アメリカの思うような国に変えて、二度と逆らわないようにしようという目論見があるのかもしれません。もっとも、ロシアがそう簡単にそれを受け入れるとは思えませんが……。

それはさておき、このルーズベルトの演説のなかに、戦争を見つめる指導者の冷徹さを感じます。戦後日本はルーズベルトの言うような民主主義国家になって現在に至りますが、私は彼の演説を読みながら、「我々にとってアメリカ化した方が幸せなのか」、また「いつまでアメリカ化をやっていなければいけないのか」と考えました。

戦後、日本に民主主義は定着しているのか

「戦後民主主義」という言葉があります。

戦後、私たちが身につけたデモクラシーは、アメリカンデモクラシーです。それは多様なデモクラシー思想のなかの一つのスタイルであり、「強者のデモクラシー」とも言えるでしょう。このアメリカンデモクラシーをうまく利用して、日本社会のなかでは大日本帝

国のようなヒエラルキー社会を守り続けています。人によって感覚は違うでしょうが、私はそう理解していますし、「戦後民主主義はきちんと機能しているか」と問われれば、政治に都合のいいように利用されているのではないかと疑問を持っています。

たとえば、多数決という「数の論理」が優先され、質は問われません。その結果、代議士の質が選挙ごとに落ちていっていると感じます。日本人が戦後民主主義における「市民」としての権利を自覚していないがゆえに、そういう社会になったと私は分析します。その意味で、戦後民主主義は機能していないと思います。

では、この状態をどうすれば打開できるのか。

アメリカンデモクラシーの「アメリカン」と、同義語の戦後民主主義の「戦後」を取ってしまうのが大切だと思います。今の憲法はまだしばらくは守るべきですが、「平和憲法を守る」という論理が何十年も続くなかで、戦後民主主義の悪いところもずっと引き継がれてきています。

今の憲法は「平和憲法」と言いますが、実質はむしろ対外戦争を仕掛けないという「非軍事憲法」だと私は考えています。「非軍事憲法」を真の意味で「平和憲法」にするのなら、それに近づけるための努力をしなければいけません。

もし、「平和憲法」の下で専守防衛という形を守り抜くならば、専守防衛のための軍事学を確立する必要があります。それに基づいての軍事力が考えられるべきです。その努力をしないで、「平和憲法」と言ってみても、名称をあてているだけの話です。私が「九条の会」に入らないのは、「平和憲法を守れ」と主張すること自体が、日本国民が自ら考え、成長するのを止めているのではないかと考えるからです。

ロシアのウクライナ侵攻を機に、私たちはこの国の「軍事学」について考える必要があります。

第八章 戦争とテロという二つの事象

民族と宗教が「対立の原点」

平成三年（一九九一）に社会主義体制のソ連が崩壊し、人類史のなかで七十余年にわたって続いた社会主義の実験的な試みに、とりあえず「失敗」という結論が出ました。それから三十年余が経ち、令和四年（二〇二二）二月二十四日に、ロシアがウクライナに侵攻しました。

ソ連崩壊は東西冷戦の終わりという一面があり、冷戦を戦争の一形態と捉えたとき、「戦争で失ったものを戦争で取り返す」のがロシアの考え方だとするならば、それは戦間期の思想ということもできます。それが三十年余続いたと言えます。

この戦間期の思想を踏まえながら、戦争体験をどのように人類は語っていくのか、とりわけ私たちの国がどう考えるべきかを検証してみたいと思います。

東西冷戦に決着がついた後、人類史は新しい世界地図を描こうとして動いてきました。しかし、戦争、対立、抗争からくる衝突は避けられませんでした。前述したように、智恵を出し合って対立、抗争を克服し、暴力的な行為を抑制する遺伝子を、いまだに人類が持つことができていないからです。動物の一種である人間は、知性や理性という特別な能力を持ちながら、対立、抗争、戦争を回避できなかったのです。

強い者が生き残り、弱い者が滅ぼされていくことは、遺伝子の上で当然のこととされているのかもしれません。歴史を見るとそう感じざるを得ないし、ウクライナ戦争で改めて痛感させられましたが、それは本来、私たち人間がもっとも否定したい点ではあるのです。

しかし現実に否定することはできないと気づくと、対立、抗争をどうやって克服していくかという思想、制度、それから相手との距離の取り方の問題を説く哲学者、思想家も現れてきました。

十八世紀には、ドイツ観念論の哲学者カントが、『永遠平和のために』（一七九五年）のなかで、国家の組織的な軍事機構の廃止や国際的な平和維持機構の設立を提唱しています。しかし、世界の対立や抗争を克服する取り組みは、いまだ発展途上です。

事実、「東西冷戦が終わって政治的な対立がなくなったら、戦争が起こらなくなる」という私たちの考えとは逆に、局地的な紛争はむしろ増えていったのです。

それらの紛争は民族と宗教が原因になっています。民族的対立と宗教的対立が、人類史の争いの根幹要因なのです。

東西冷戦期は、社会主義の大国ソ連は、強力な武力によって支配地域での民族・宗教問題を抑えつけていました。しかしソ連崩壊でそれが取り払われたのと、社会主義思想が抑圧していた民族、宗教の対立という問題が一気に噴き出して地域紛争の原因になり、この三十年余、世界で内乱や小規模な戦争が続いていると言っていいでしょう。

昭和の戦争の流れを再整理する

しかしプーチンが起こしたウクライナ侵攻は、「戦間期」の三十年余に起こった地域紛争とは明らかに違います。民族的にロシアとウクライナは対立する状況にはなく、宗教的にも共存していました。

ところが、共存できる関係を一切捨てて、ロシアはウクライナに侵攻した。その最大の目的は、ロシアを頂点とするソ連の社会主義共同体の一つだったウクライナを、もう一度自分の側に引き寄せることです。

つまり、プーチンは「巨大なロシア帝国」という幻想のなかで、ソ連崩壊で失ったものを、再び自分たちの側に組み込もうとしたのです。

プーチンは侵攻当初、これを簡単にできると思っていた節があります。

軍事に詳しい日本のある専門家から聞いた話ですが、アメリカの情報機関、NATOの軍事機関、あるいはその他の各国の情報機関や軍事関係者は、二月二十四日頃にロシアがウクライナの国境を越えて攻め入ることを、十分予想していたと言うのです。

その理由を聞くと、「何週間も前から、ロシアの戦車部隊がウクライナの国境に沿って集結を始めた。軍事訓練かもしれないが、毎年二月二十四日、二十五日あたりからウクライナは雨が多くなる。道路に水溜まりが増えると、戦車の走行が厄介になる。戦車で侵攻するのなら、その頃がギリギリだ」という話でした。

実際、その通りになったのですが、ギリギリの時期に侵攻したのは、ウクライナなど簡単にひねりつぶせると、なめていたからでしょう。

ところが、ウクライナは頑強に抵抗し、ＮＡＴＯや国際社会が一斉に支援したことで、プーチンの予想は覆ってしまいました。こうした戦争のときには、たいてい同盟国が支援するものですが、ロシアの要請によって軍を派遣する国はありません。

国連では中国やインドなどが西側陣営と距離を置き、ロシアを完全に批判しない立場を取っています。隣国ベラルーシの独裁者ルカシェンコ大統領は協力者ですが、自国の軍は参戦させていません。ロシアは軍事的に孤立しながら戦う羽目に陥っています。

プーチンとしては、この状況に焦りもあって、「ロシアが核大国であることを忘れるな」と恫喝をたびたび繰り返しています。ウクライナにもロシア系住民への対応など弱みはあります。しかし、NATO諸国の武器支援を受けて、自国を守ってロシアと五分五分以上の粘り強い戦いを繰り広げています。

現実の戦争はプーチンが考えたほど甘くはなかったわけですが、こうした現在の世界情勢を理解した上で、二十世紀の帝国主義的な戦争体験の継承を考えるべきだと思います。そのためには、軍事が専横を極める国家に日本が変わっていった昭和という時代の流れと枠組みを、もう一度整理しておく必要があるのです。

一、体制が崩壊したときの心理的、社会的清算（想像力の欠如）。
二、戦間期の徹底した研究とその間の歴史的動向（敗戦理由の確認）。
三、戦争被害と加害の調査により、自国の責任の明確化（戦争のバランスシート）。

戦争体験の継承にあたって必要なポイントとして、以上の三点を挙げておきますが、戦争体験の継承とは、日本がかつてと同じ道を歩むということではありません。一九三〇年代、四〇年代に日本が戦争へ歩んだ道は、人類史上の戦争回避のための普遍的な道筋を示しているのかもしれない——この視点で戦争体験を継承することが大切です。

テロリズムがこの国を支配していた

ロシアのウクライナ侵攻があった令和四年（二〇二二）に、安倍晋三元首相へのテロが起こりました。このテロとロシアのウクライナ侵略とは、基本的には直接の関係はありません。ロシアがウクライナを攻めたことに刺激されて、犯人が安倍元首相を撃ったという関係性はまず出ないわけです。しかし、戦争とテロという二つの事象が同時期に起こったとき、その時点では何ら関係がなくても、歴史的な俯瞰図で見ると、「連鎖しているのではないか」と思われることがあります。

歴史上関係なさそうな二つの問題に、不思議な形で関係性が見出されることがあるのです。世界史の流れから見れば、テロリズムは多くの場合、次の大きな事件の予兆となっていることがあります。

私たちが「よすが」とすべき昭和という時代を見つめ直すと、昭和六年（一九三一）九月に満州事変があった前後から昭和十一年（一九三六）までの五年余の間に、未遂も含めて十指に余るテロやクーデターが相次いで起こったり計画されたりしています。

昭和七年（一九三二）二月の血盟団事件、同年五月の五・一五事件、昭和十年（一九三五）八月の永田鉄山陸軍省軍務局長刺殺事件、昭和十一年（一九三六）二月の二・二六事件。未遂に終わったものでは、昭和六年（一九三一）の三月事件と十月事件などがあります。

昭和六年から十一年まで、異常なまでにテロやクーデターが横行した背景には、いったい何があったのでしょうか。

後世から見ると、軍が謀略で満州事変を起こして政治的権力を握っていき、二・二六事件で政治を完全に抑えつけ、軍事支配していったことは明らかです。軍事をテロリズムの暴力と一体化する捉え方は、軽率な感がしないではありません。しかし、テロリズムがもっとも手っ取り早い軍国化の呼び水だったことは、歴然としています。

ロシアがウクライナに攻め入るという帝国主義的な二十世紀型の戦争が起こった二十一世紀に、日本国内ではテロという二十世紀型の事件が起こったことで、「二十一世紀のこれからもテロは起こるだろう」とも予想されます。

外にあってはロシアとウクライナ、内にあっては安倍元首相へのテロと向き合うことは、二十世紀の反省点を総括し継承することの大切さを思い起こしておく上で重要だろうと思います。都合のいいこじつけだと思う人もいるかもしれません。しかし、そこに相関関係を見ておくということは歴史に学ぶ上では大切なのです。

テロリズムを義挙にしてはいけない

昭和六年（一九三一）から十一年（一九三六）にかけて、テロリズムに呼び覚まされた軍事は、戦争を仕掛けられた場合に国家を守る軍隊ではなく、目的達成のために軍事力を使うテロリズム的暴力を持った軍隊です。

いわば「暴力として機能する軍隊」によって、満州事変以後の日本は中国との戦争に入っていきました。その流れのなかで、言論を含む社会のシステムが暴力を志向し、軍のテロリズムのなかで政党政治の場である議会も軍の暴走を追認するようになり、軍事が権力と一体化していきました。それが戦前までの日本社会の特徴でした。

軍事が暴力に訴えて政治の問題を解決しようとする――戦前の日本では、五・一五事件で見られるような、暴力によって要人を暗殺する行為を、義挙として国民が同情を寄せるような社会状況になっていました。

安倍元首相を殺害した犯人の獄中に、差し入れがずいぶん届いているそうです。服や菓子類の他、多額の現金も届いていると新聞報道でありました。統一教会に財産を巻き上げられ、家庭が崩壊して苦労した犯人への同情からでしょうか。

同情による差し入れに何ら異議を唱えることはないですが、安倍元首相を殺害した犯人の行為が「義挙」になっていくのは、私たちの国の過去を考えるとかなり怖いことです。なぜなら犯人の行為が「義挙」となったとき、法体系さえ無視した暴力により平時の社会が崩壊していくという経験を、かつての日本がしているからです。

義挙には「動機が正しい」という評価軸があります。しかし動機が正しければ、何をやってもいいと言うのであれば、無法状態がもたらされるのは火を見るより明らかです。

満州事変の起きた昭和六年（一九三一）、翌七年の五・一五事件から、二・二六事件に至る昭和十一年（一九三六）までの日本は、「動機が正しければ、暴力に訴えてもいい」という風潮のなか、テロの連鎖が起こりました。それを日本の軍隊が引き継いで、「動機が正しければ何をやってもいいんだ」という名目で日中戦争に突入し、それを「聖戦」と称して、やがてアメリカとの戦争に向かったと言ってもいいでしょう。

つまり、国民にも蔓延したテロを義挙とする風潮が、日本軍の暴走につながり、各国への侵略に直結していったのです。そのことを忘れてはなりません。テロを義挙にしてはいけないのです。

昭和六年から十一年の日本の姿は、貴重な歴史的教訓とすべきです。

経済的な豊かさが崩壊したら暴力化する

さらに別の視点で考えてみます。

歴史を知らなくても生活に困るわけではないから、「歴史を知ったところで大して意味がない」と考える人がいても不思議ではありません。

この五年ほどの間、都内の高校で講演をする機会が何度かあったのですが、終わった後に生徒と雑談していて、二つのタイプがあることに気づきました。「日本が近代化したとき、なぜ欧米を真似したのでしょうか？」と質問をする本当に歴史が好きな生徒と、「それは試験に出ますか？」と聞く生徒です。後者は、試験が終われば「歴史」などお役御免で、教わったことを忘れてしまうのでしょう。

また、ある高校で話をしていたときは、途中で話に飽きたと思われるのですが、前列に座っている女子生徒が鏡を出してこっそりと化粧しはじめたことに驚かされました。興味がない人は徹底的に興味がないのだと思いますが、「自分がどこで生まれ、どのように育ったか」という原点、つまり歴史を知らなければ、アイデンティティが確立できず、「どうにでもなる人間」に育ってしまいます。

アイデンティティが曖昧な人は、仮に体制がファシズムになったとしたら、いの一番にその傾向に巻き込まれてしまう恐れがあります。また、歴史に対する見方が欠けていると、「今、目の前にあることをやればいい。明日のことは明日考える」という刹那的な毎日を繰り返すだけになります。そういう人間ばかりになれば、根無し草の社会になってしまうのです。長期的に見れば、そのツケが国民一人一人に回ってくるのは、歴史が証明してきています。

最近はご無沙汰していますが、私は日本の天皇制や日本社会を研究するアメリカやドイツの研究者らと交流していた時期があります。日本社会を分析しているドイツの研究者と話していたときのことです。

「ドイツは経済的に豊かだから、いろいろな移民を大量に受け入れる政策を取っているが、このツケはいずれ大きくなって跳ね返ってくるだろう」と彼は言いました。

どういうことでしょうか。

「労働市場が活性化しているから、働く場所がたくさんあり、すぐにお金を稼げる。そうしたなか、若い世代のなかには学校に進学せずに働きに出ている人もいる。その結果、スーパーマーケットにお釣りの計算もできない店員が多くなった。しかし、経済が悪くなって仕事が減ったら、この人たちはどうなるのか。怒りの矛先は移民に向かうだろう」

経済的な豊かさが何かの拍子で崩壊したら、景気の良いときに労働市場に入っていた人たちが大量に失業し、移民排斥といった排外主義的な方向に走り、過激な行動を取る可能性が高いことを憂えていたのです。

ドイツのインテリ層はナチスの怖さを知っていますから、そういう感想を口にしたのでしょうが、ドイツだけでなく、フランスもイギリスもアメリカも似たような問題を抱えています。

彼らが「ドイツは大丈夫か」「アメリカは大丈夫か」と自国を見ながら感じていることは、日本でも自問自答する必要があると、私は思います。

余裕のなさからくる価値観の崩壊

十年以上前になりますが、私はある大学で週一回の非常勤講師を担当していました。非常勤講師の控室では、三十歳ぐらいの講師がいつもコンビニの弁当を食べていました。

彼は小学校のときから優秀で、しかるべき有名大学を出て、大学院に進み、博士課程まで修了したそうです。しかし、大学で教える専任の職がない。だから、非常勤講師を三つも四つも掛け持ちして生計を立てているのです。

大学院の定員を増やし、大学院教育を充実させて、学問的レベルを上げようと文部科学省は掛け声をかけましたが、大学院教育を終えた人たちを受け入れる職が少ないのです。

非常勤講師の一コマは月に三万円から四万円程度であり、四つ、五つと掛け持ちしても、月収は二十万円に届くかどうかです。彼が専任の職を得られなければ、五十歳、六十歳になるまで非常勤講師を渡り歩く生活を続け、一生を終えるかもしれません。

これは大学院で学んだ人のケースですが、必要なときに必要なところで働く派遣という形で職場を転々とし、年齢を経ても給料は上がらず、生活のめどを立てられない人が増えています。昔のような年功序列・終身雇用で退職金が出る生活は望むべくもありません。「人材の適正配分」と言いますが、優勝劣敗の新自由主義の下では住みやすい社会にならないと思います。

良いか悪いかは別です。年功序列・終身雇用を続けていたら、企業が国際社会で勝てないということはあるでしょう。しかし、これからの日本社会では、新自由主義の名の下に行われたことの結果が出てくるはずです。

それは何かと言えば、余裕のなさからくる価値観の崩壊だと、私は考えています。そして価値観の崩壊は、社会構造が揺らいで戦争や暴力と直結する危険性も抱えこむ。これは恐ろしいことです。

逆に言うと、社会が正常に機能していくためには、新自由主義だけでは不十分で、社会主義的な富の分配、あるいはセーフティネットの拡充を図り得るような社会にしていかなければいけません。

戦争体験を継承しようとするには、生活に追われて歴史どころではない国民があふれていてはどうにもなりません。一部の富裕層だけが突出するのではなく、国民全体が経済的にある程度安定した社会基盤が必要になります。その基盤の上に安定した歴史観が生まれてくるのです。

エピローグ　新しい時代の戦争学とは何か

核の下の戦争論へ変わる

新しい時代の戦争観、戦争論、軍事学を、私たちが考えていく必要性についてはプロローグで触れましたが、ロシアのウクライナ侵攻以後、従来の戦争観、戦争論は後退せざるを得ないと思えます。

たとえば、これまで核兵器に関する戦争論は、「核抑止力下でいかに共存するか」という「平和共存論」の形で捉えられていました。つまり核兵器は大量破壊兵器だが、大規模戦争抑止のために必要とされているという理解でした。

しかし、プーチンは核兵器を脅しに使い、今後、核兵器がロシアとウクライナの戦争のなかで重要な意味合いを占めるようになれば、「核の下の平和論」から「核の下の戦争論」に転換していくでしょう。

プーチンの例にならって、核兵器を持つ国が「核の脅し」を使って、軍事行動を有利に進めようとすることが増えると、これまで核兵器を持たなかった国が「核兵器を持たなければ、国益が守れない」と考えて、核武装を図る可能性は否定できません。

世界が「貧しくて食べるものがなくても、核兵器を持つ」という論理を正当化するようになれば、北朝鮮の核政策は正しいことになってしまいます。

また、世界の様々な国が核兵器を持つようになれば、それが脅しでは終わらない事態も考えられます。たとえば、北朝鮮は核兵器の数はそろっていますが、質の点では一段劣ると言われます。そうであれば、ひとたび戦争が起こって劣勢を強いられれば、先に核兵器を使おうと判断するかもしれないのです。

現在は「核の下の戦争論」を組み立てなければいけない時期に入っています。『正しい核戦略とは何か』（ブラッド・ロバーツ著、村野将監訳、勁草書房）など、最近出版された本にも「核の下の戦争論」を語るものがありますが、アメリカやイギリスはすでに国としてその組み立てを始めているだろうと思います。

アメリカがウクライナにロシアまで届く射程の武器を渡さないのは、ロシアを刺激して核と核の対立にエスカレートしないように配慮しているのですが、「核弾頭を保有して抑止力にする」という単純な話で済んだ時代は終わっていることの表れだとも言えます。

しかし、核兵器を持たなければ保有国の恫喝に屈するしかないとなれば、日本も当然核兵器を保有する方向へ行きかねません。しかし、私たちの国には唯一の被爆国としての歴史的視点があります。それは「核の下の平和論」で世界秩序が機能していた時代には有効でしたが、「核の下の戦争論」へ変わっていく時代にあって、被爆国として「核廃絶」一点張りのアピールから一歩踏み込んだ、新しい論理の組み立てを迫られるということです。

ただし「核の下の戦争論」の論理を組み立てたからといって、戦争を始めるわけではありません。世界的なリーダーシップを取れるような理論を確立することが求められるという意味です。

「核の下の戦争論」が「核の下の平和論」と一体化するところへ止揚（物事の対立や矛盾を高次の段階で統一すること）していく論理を作れるか。その論理の構築こそ、私たちの国に与えられた役割と考えるべきです。

戦場で戦った人間のことをくみ取る

「核の下の戦争論」を含めて、新しい戦争論を構築するとき、戦争体験は重要な役割を果たします。

第三章で取り上げた、保険会社の経営者で経営者団体の役員も務めた品川正治のことを、もう一度紹介したいと思います。

中国戦線に送られた彼は、帰国船のなかで、新聞に載っていた日本国憲法の草案を仲間の兵隊に呼んで聞かせた。すると、兵士の誰もが声を上げて泣いた。そして、「死んだ仲間がこの憲法を作ったんだ」と思ったときに、心がほっとしたというものです。

　この感情は実際に戦争経験のある人たちにしかわからないかもしれませんが、彼らにはこの憲法を「仲間の死によって作られた憲法」と信じる権利があります。

　これは革新とか保守とかという問題ではありません。「死んだ仲間が作った」という感覚こそ、これからの「戦争論」であり、「戦争学」なのです。戦場で命を張って戦った人間の感情、理性、考え方、思想が、日本の戦争論の骨格にならなければなりません。

　参謀の人が書いた「戦争論」や、防衛関連の教育機関が作成するような「戦争論」に基づいてその通りに行動しようとするのは大きな間違いです。戦った兵士たちの遺言の意味をくみ取って、戦争論を組み立てていく。それが何よりも大切なのです。

　十九世紀、二十世紀には戦争論の本が数多く書かれています。もっとも有名なのは、ナポレオン戦争時代のドイツ（プロイセン）陸軍の将軍だったクラウゼヴィッツの『戦争論』（一八三二年）です。しかし、戦争論を書くのは基本的には指揮官、あるいは将校であり、「国家を背景にして、軍事がどのような役割を果たすか」というのが骨格です。
「戦争とは他の手段をもってする政治の継続である」とする『戦争論』は、現在も読み継がれる名著です。しかしそれとは別に、国民の目から見て、「国民の生命と財産を守る手段として、戦争を選ばない」という戦争論もあるはずです。

そういう戦争論を生み出す力が、これまでの日本にはありませんでした。なぜなら明治維新からこの方、日本では戦争論や戦争観を論じるのは軍人の特権的な領域だと理解されてきたからです。このことは私たちの国の致命的な欠陥でした。

今から、私たちが「新たな戦争論を生む基本的な作業」に取り組む上で、どのような戦争観が大切なのかを整理してみます。

一、より具体的に分析する（「事実」をもとにしての「真実」ということ）。
二、戦闘から戦争への視点（大状況だけでなく、そのなかの小状況に視点を置く）。
三、一兵士の側からの歴史（階級が上位の者より兵士の戦場体験を重視する）。

これらの視点から生み出される戦争論こそ「戦わされる側の戦争否定論」の原動力になるであろう。それが二十一世紀の戦争学につながっていくのではないかと思います。

政治に組み込まれた軍事

戦争論、軍事論が政治のなかの一ジャンルだと考えれば、広義で言う政治論の一部に含まれるはずです。戦争論は、独立した軍事論ではなく、政治論に組み込まれた重要な一部と考えることが大切です。それによって、シビリアンコントロール、文民支配という言葉が生きてくるのです。

政治から切り離し、軍事だけで見ていくと、十九世紀、二十世紀がそうだったように、軍事が暴走します。とくに日本がそうでした。軍事が政治を振り回すようになれば、経済、外交、文化まで軍事に引きずられるようになってしまいます。

「軍事は政治の一ジャンルである」ことを徹底的に踏まえて、戦争というものを見つめ直すべきです。そして、政治が軍事を支配するシビリアンコントロールという前提が成り立つ戦争論を考えなければいけません。

幸いにして、今の日本は「政治に組み込まれた軍事」という形になっています。しかし、口に出して言わないですが、軍事に関わる人たちが政治から切り離されたいと内心で思っているのは、防衛関係の専門家と話をしていて感じることもあります。

政治に組み込まれた軍事は、軍事の自立性や独立性が保証されていないことになります。

軍事の側にいる人には、それが本心では不満でしょう。

しかし、本来、軍事の独立性が保証されないのは当たり前であり、「政治が軍事を保証している」という論理が適切なのです。現在の日本は危険な局面にはありませんが、どこかでこの政治と軍事のバランスが崩れる可能性はあります。日本の軍事がアメリカの政治に組み込まれているからです。

つまり軍事が自分から日本の政治との関係を逆転することはできませんが、アメリカが「自衛隊が政治とは別に、ある程度力を持てばいい」と言い出したら、「軍事は政治の一ジャンル」という土台はあっという間に崩れます。今は想像できないけれども、ひとたび土台が崩れればそうなっていく可能性は否定できないのです。

第二次世界大戦のとき、日本以外のほとんどの国は、政治が軍事をコントロールしていました。アメリカ、イギリスはもとより、ドイツでさえヒトラーは政治家です。

毛沢東、蔣介石も政治の領域から軍事をコントロールしていたし、スターリンは独裁政権でしたが、政治の側の指導者として軍事を動かしました。

軍人が政治を振り回したのは日本だけであり、それが、満州事変から始まる日中戦争、太平洋戦争の背景になっています。「軍人が政治を振り回して戦争をすると、どうなるか」は、太平洋戦争が苛烈になっていくなかで示されました。「玉砕」を命じ、「特攻作戦」を採用する。そして、軍事のためならあらゆることを犠牲にせよと命じる。

挙句の果てに、すでに敗戦が明確であるにもかかわらず、本土決戦を考えます。それは「勝つ、負ける」というレベルの問題ではありません。「あなたたちにこの国の存亡の権利を与えていませんよ」と何度も言いたいぐらいです。

前述しましたが、「勝つまで続ける」のが太平洋戦争でした。そこに軍事学はあるでしょうか。私は「日本に軍事学がないから、あんな戦争になったのだ」と考えています。過日、あるところでその話をしたら、「日本に軍事論はあった」と食い下がる人と会いました。

その人は「特攻も含めて、それを戦略として戦う軍事論があった」と言うのですが、それは軍事論でも何でもありません。日本人の存在を危機にさらし、日本の国がどうなったっていい、軍事さえあれば良いという、論理以前の常識の問題です。

政治の一分野として、体系立って軍事論や軍事学を捉えられる論理、視点、分析力がないならば、それは「戦争論」とは言えません。

二十世紀になって戦争は「犯罪」になった

十九世紀から二十世紀にかけて、どこの国も最初は軍事が支配的であり、そのなかで戦争を考えていました。時代が進むと、新しい武器が登場し、戦略が込み入ってきて、しだいに戦争が複雑化していきました。その結果、戦争が質的に変化し、戦争論も変わります。

もっとも大きな変化をもたらしたのは、第一次世界大戦でした。

ここで国家総力戦論が出てきました。それにより、戦争は兵士たちだけが戦うのではなく、非戦闘員を含めて国家の総力を挙げて戦うようになり、一般市民にも想像以上の犠牲者が出る全面戦争になりました。国家総力戦が非戦闘員も殺害する戦争になると、それは犯罪性を持ってきます。

十九世紀における戦争は犯罪ではなく、政治の延長と捉えられていました。しかし、第一次世界大戦後は「戦争は犯罪である」と明確に捉えられるようになりました。戦争によって後背地にいる一般市民も殺害される時代になったことで、議論の方向性が変わったのです。

加えて、第二次世界大戦では核兵器が登場しますが、二十世紀後半は「核の下の平和論」という形の論理が出てくる。その時代における戦争は、「核兵器を使わない局地戦」

を前提としています。

しかし、プーチンが核兵器を脅しに使ったことで、その根拠は失われ、「核の下の戦争論」が考えられるようになりつつあります。ただ、今日の戦争は軍事だけではなく、経済、外交、文化などを含めた総合的な戦いに変化しています。

兵士が互いに血を流して戦うだけではなく、経済、外交、文化の分野での戦争という非常に広範囲にわたる戦いを議論する段階に来ています。

勝ち負けを超えた発想

新しい形の戦争論が確立していないと、新しい平和論は生まれません。とはいえ、私一人が新しい戦争論を作れるわけではありません。それでも、発想の「よすが」になると思われることを、述べてみたいと思います。

一般に「戦争に勝つ」とは「戦闘に勝つ」ことです。

戦争は戦闘が中心になるのは確かですが、戦闘だけが戦争ではありません。先に述べたように、経済戦、外交戦、文化戦など、いろいろな側面があります。となると、戦争を総合的に考えたとき、「戦争に勝つ」ことは、「戦闘に勝つ」こととイコールではなくなっている可能性があります。

これは、新しい戦争論の発想で、根本に関わる要素の一つだと思います。相手の政府が軍事的に降伏したら、勝ったことにはなるでしょう。相手が負けたという意思を示したら、賠償金を要求できます。あるいは、相手国の占領した領土を自国に組み入れることも、戦勝国だからできることです。

しかし、「戦争に勝つ」というのは、そういう問題ではないと考えるべきです。太平洋戦争で国土が荒廃の極みになった日本。第二次世界大戦で国土のすみずみまで破壊されたドイツ。しかし敗戦後の両国は経済成長し、フランス、イギリスなど、むしろ戦勝国の経済や政治的立場を追い抜くほどの復興を果たしました。

それは、日本とドイツにそれだけの潜在能力があったという問題ではないのです。開発とは、解体し、建設することですが、日本とドイツは戦争によって国土が壊滅的なダメージを受けたから、「解体」の作業がゼロに近いところからスタートしました。

一方、戦勝国は解体がゼロではありません。新たな開発を進める前に、解体作業が必要になります。その点で、日本とドイツは戦闘で負けたけれども、長い目で見れば、負けたことで新たな開発の条件を得たと考えることができます。

このような言い方は語弊があるでしょうが、日本の場合は戦争に負けてよかったのです。あり得ないにしても、もし日本が太平洋戦争で勝ったら、いずれ国際社会で孤立していたでしょう。

傲岸不遜で、周辺のどの国とも真正面から衝突して、他国の国益を押さえようとする強権国家になっていたかもしれないのです。そのために、どれほどの軍隊を持ち、どれほどの兵隊に犠牲が出るのでしょうか。

そればかりか、小さな島国から大国になればなるほど、いずれはより大きな負けを背負うことになったはずです。

国家の戦争に限らず、個人の日常の様々な場面でも、私たちは安易に「勝ち負け」を二元論的に区分しています。しかし、長い戦争の歴史が物語るのは、実は勝つことは負けることであり、負けることは勝つことというのが「真実」なのではないでしょうか。

なぜ、そういう見方をするかというと、勝ち負けにこだわってものを見ている限り、戦争は起こるからです。戦間期の思想が生まれるのです。勝つ、負けるということを、私が言ったような目で見ていくと、戦争はなんて愚かなことなのだろうということに気づきます。

戦争に負けたときよりも勝ったときの方が、国家の犠牲が肥大化することはあり得るのです。それよりも、勝ち負けの二元論で戦争を捉える発想を超えた「戦争論」を生み出そうとすることの方が、これからの時代に必要なのではないか。私はそういう発想の方が大事だと思っています。

戦争で勝っても「勝たない」ことになる

かつて「太平洋戦争に勝てると思っていたのですか」と旧軍人に聞いたとき、「勝てないまでも、負けないで日本の国益は守れると思っていた。負けなければ、石油が手に入って、中国に対しても一定の影響力を発揮できる。勝てば、ドイツやイタリアと手を結び、世界に冠たる国になる」という答えが返ってきました。

だいたい軍人はそうした言い方をするのですが、「そうなれば、次にそれを維持するために、さらに人的な犠牲と、財政的な損害を被ることになります。それを思えば、負けてよかったでしょう」と話したら、「その通りだ。戦争で勝ったら、日本は錯覚の国になっていた。軍人ばかり威張ってね」と言う人もいたし、なかには「世界の鼻つまみ者になるだろう。負けてよかったんだよ」と正直に話す軍人もいました。

それは当然だと思います。負けるが勝ちという意味ではなくて、勝つことによって、次に大きな損害を受ける局面に立つことになりかねません。負けることによってそれを防ぐ。それでは極端だとすれば、戦争をしない、という考え方が、新しい戦争論の骨格になると考えます。

私の意見に反対の人もいるでしょうし、納得できないと言う人もいるでしょう。しかし、太平洋戦争のときの日本の政治姿勢、指導者の考え方、国民の増上慢の姿、それらを見たとき、あのまま日本が勝ったら、世界の鼻つまみ者程度なら良いけれど、それだけでは済まないはずです。

日本が植民地化した地域や国々、あるいは同盟化して日本が支配した地域は、支配から抜け出すために民族の誇りをかけて反乱を起こしたでしょう。それによって、どれだけの人たちが犠牲になったでしょうか。

昭和十四年（一九三九）生まれの私などは、どこかの国に派遣され、現地の人たちから憎悪される抑圧者になっていたかもしれません。そういう国にならなくてよかったと本当に思います。

ちなみに、「あの戦争に負けるとわかったのに、どうして戦ったのですか」という質問に、ある元軍人が「負けるとわかって戦争はしません。あのときは勝つと思っていたのです」と声を大きくして言いました。

しかし、「アメリカとの物量差がこれだけ開いているのに、勝つわけないではないですか」と反論すると、「それは今いろいろなデータを見ているからわかるのであって、あのときはそんなデータが公表されていないからわかりません」と答えました。

戦後、元軍人たちと太平洋戦争の勝ち負けを論じるとき、そういう反論をしてくる場合が多かったのです。

謝ることで事は解決しない

私は日中友好文化関連の友好団体の委員をしていて、中国との関係には一定の理解を持っています。むろん中国一辺倒ではなく、中国に対していくつもの批判も持っています。

と同時に、私たちの上の世代が行った中国への侵略の歴史には批判も持っています。

中国に対して、ある種の贖罪の意識を私たちの世代は持つべきだとは思うけれど、永久にそうすべきだとも考えません。と言っても我々が正しかったと言う気はなく、論じる上ではあくまで時代背景があることを踏まえながら、立場や主張ありきにならない理解をもとに対話すべきだと考え、そういう立場で個人的には中国の人たちと交流を続けてきました。

この四、五年は中国へ行っていないので何とも言えませんが、十年ぐらい前まではよく出かけて様々な人たちと話しました。だいたい知識人は日中戦争の日本の侵略について詳しく知っているし、日本が戦後、どういう態度を取ったかも知っていました。

一方、「日本人なんか大嫌いだ。恨んでいる。親戚が何人も殺害された」と、目の前で言われたこともあります。「私が行ったわけではない」と言ったら、ますます怒っていましたが、謝るとか謝らないとかという次元で話しても、事は解決しないというのが私のスタンスです。

遼寧省の平頂山の惨殺現場の記念館に行ったときのことです。日本の労働組合関係者が、集団で見学に来ているところに出会いました。二、三十人が、指導者の声に合わせて腕を振り上げ、「日本の軍国主義を許さないぞ」と叫んでいました。

一緒に行った中国の人から「あの人たちを見て、どう思いますか」と聞かれ、「私はああいうことをしません。日本の軍国主義を許さないと言うなら、日本で言います。理由はたった一つ、私が行ったわけではないし、私は日本を代表しているわけではありませんから」と答えました。

その姿勢は説明を要しますが、私はこのような表面上の行動を評価できないのです。

平頂山事件は抗日ゲリラが撫順炭鉱を襲撃した報復として、平頂山集落がゲリラに通じていたことを理由に、撫順守備隊が住民全員を殺害しようとしたもので、被害者の実数については諸説あります。しかし、ひどい虐殺を行ったのは事実で、現地を掘ると白骨が次々と出てきます。日本人として本当に申し訳ないと思いますが、それと平頂山の現地へ行って、大声で自国のかつての非道を糾弾する叫び声を上げるのとは別の話です。

「我々の国はこういうことは二度としない。もし、再びそういう国になったら、私は命がけで軍事主導体制に抗議する」と未来に対して約束はできるけれど、自分が当事者になりようもない過去のことなのに、平頂山で「日本軍国主義は許さない」と叫ぶ気持ちにはなれないのです。

日本の労働組合関係者たちを見たときには、自己満足だとも思いました。そういうことに何の意味もないとは言いません。中国の人は喜ぶでしょう。しかし、そのパフォーマンスには、基本的な錯覚があるのではないかと思えてなりません。

このとき、私を案内してくれた中国人の一人が、私に「頭を下げるべきだ」と言い、私は「もっといろいろ考えたい」と応じました。このときの議論で、中国人と日本人には戦争観に違いがあることに気づかされました。戦後は新しい日本になっていますが、日中戦争で日本軍国主義と戦った中国人の論理からすれば、私はあくまで日本軍国主義者の一員であり、それが謝りもせず、平然としているように映ったのでしょう。

「あなたは本当に日中の友好を願っているのか」と言われ、「もちろん私は願ってはいるけれども、原則を曖昧にして、日本軍国主義を許さないと手を挙げれば済むとは思っていない」と答えました。

結局、最後に握手するとまでは行きませんでしたが、この体験は「日本における軍事とは何なのか」を、改めて考えるきっかけになりました。

日本人の戦争観を改める

私と同じ立場を取る研究者がいます。彼も中国との友好に関して積極的な役割を果たすべきだと考えていますが、二人に共通するのは、「頭を下げることで歴史的な決着がつくと考えるほど、我々は単純な見方はできない。私たちの考え方がどういう事実をもとに作られたのかを知ることが大事だ」という点です。

友人の中国人と話していて、第一章で述べた「なぜ、イギリスが沿岸部に租界を作るだけで、内陸部まで入って戦争をしなかったのか」という話題になったことがあります。彼の意見もまた、「戦争のことをよく研究していたイギリスは、中国と戦争すれば自国の軍隊が崩壊するということを知っていた」という内容でした。

この見解は他にも何度か聞いたことがありますが、相手の歴史、文化を含めて研究することは、軍事学を作っていく上での基本的要件だと思います。その基盤の上に、「戦争」がどのような形で展開していくのかを想定し、その可能性を封じるのが軍事学の基本だと言えます。

それが昭和の日本には基本的に欠けていたということです。

軍事学の第一歩は客観的事実の分析ですが、日本はそれを放棄して、主観的願望を事実にすり替えて軍事論を作っていたのです。

東南アジアに進出した日本の軍隊は、マレーシア、フィリピン、セイロン（現スリランカ）、インドネシアなどの地へ駐屯しています。そこで日本は現地の人を「土人」と呼びました。

「土人」とは、文字も知らない、常識もない人という意味です。

すでに先進帝国主義の国々は、オランダにせよイギリスにせよ、現地の人々に教育を与え、衣食住を保証し、植民地支配はかつての武力統治から文民統治に変わっています。「土人」とはとんでもない言葉ですが、あらゆる意味で、日本は支配地域についてきちんとした分析をしてこなかった例と言っていいでしょう。

東南アジアでは、当時を知る高齢の人たちからは、いまだに「馬鹿野郎という言葉を覚えた」と言われたり、「ビンタ」という言葉を聞かされたりします。そういうことを植民地支配で行っていた国は、それなりの清算をしなければなりません。

そして、それは私たちの世代で終わらせ、新しい軍事学の下で日本の戦争観を改め、非軍事、平和に直結する「戦争学」へと進んでいく。それこそ「日本人のための戦争学」の構築であると知らしめていくべきです。

最後に繰り返しますが、「戦争学」がない戦争は、たんなる暴力行為です。軍事がたんなる暴力と一線を引くには、それを支えるきちんとした政治的な思想、人間的な思想があるかどうか、また「政治のなかの軍事」という捉え方を正確にできるか否かにかかっているのです。それを真理とすべきでしょう。

あとがき

新渡戸稲造の『自警録（心のもちかた）』という人生の過ごし方を説いた書は、なかなかに含蓄に富んだ内容です。なるほどと頷ける話が語られ、その内容は自分と重ね合わせることができたり、あるいは自分の周辺にいる人物を思い浮かべたり、と気軽に読めるものながら、その実なんだかもの悲しくなるときもあるのです。

真に強い人とはどういう人を指すのか。新渡戸は指摘します。「しかつめらしく具足をつけ威張《いば》るものは、古来猪《いのしし》武士と呼ばれている。これに反し外見はおだやかにして円満に、人と争うこともなきも、しかも一旦《いったん》事あるときは犯すべからざる力を備えた人を真の武士といっている」。新渡戸はその例として、その頃に起こったタイタニック号の沈み行くときに泰然自若としてその運命を受け入れた数十名の落ち着き払い、従容《しょうよう》として船と運命を共にした人たちを挙げています。

それは個人だけではなく、国の姿にも言えると言いたいのでしょう。日頃から大言壮語をして威張り散らす国は、猪武士と同じようなものであり、その弱さを隠すためにそのような態度を取っているのでしょう。逆に真に強い国とは、つまり理性や知性を持って動いている国は、日頃は空威張りはしないということになります。私たちはそのような国をめざすべきでしょう。それが王道を往くということではありませんか。

本書で言いたいこと、あるいはこの国が守り抜くべきこととは、この点に尽きています。歴史から学ぶというのも、結局はこのことだと私は考えています。そしてもともとの日本にはそういう伝統がありました。それが昭和の戦争では壊れてしまっていたのです。その不備な点を再生し、ないし元の姿に戻したいというのが本書のテーマでもありました。その意をくみ取ってもらえれば、著者としては嬉しい限りです。

本書は、名古屋の栄中日文化センターの連続講座を土台に編まれています。改めて事務局のスタッフ、受講者の皆さんに感謝します。

また、こうした書にまとめるに至った幻冬舎の鈴木隆氏の尽力にも感謝したい。

令和五年六月

保阪正康

本書は、二〇二二年一月から二〇二二年十二月まで、栄中日文化センターで行われた「保阪正康が語る昭和史の謎」の講座を再編集し、大幅に加筆修正したものである。

著者略歴

保阪正康《ほさかまさやす》

一九三九（昭和十四）年、北海道生まれ。

ノンフィクション作家。同志社大学文学部卒業。

編集者を経て作家活動に。「昭和史を語り継ぐ会」主宰。

二〇〇四年、一連の昭和史研究で第五十二回菊池寛賞受賞。

二〇一七年、『ナショナリズムの昭和』（幻戯書房）で第三十回和辻哲郎文化賞受賞。

近現代史の実証主義的研究をつづけ、
これまで延べ四千人に聞き書き取材を行った。

『昭和陸軍の研究（上・下）』（朝日選書）、『あの戦争は何だったのか』（新潮新書）、

『昭和史　七つの謎』（講談社文庫）、『昭和の怪物　七つの謎』（講談社現代新書）、

『歴史の定説を破る』（朝日新書）、『昭和史の核心』（ＰＨＰ新書）など著書多数。

幻冬舎新書 700

戦争の近現代史
日本人は戦いをやめられるのか

二〇二三年七月二十五日 第一刷発行

著者 保阪正康
発行人 見城徹
編集人 小木田順子
編集者 鈴木隆

発行所 株式会社 幻冬舎
〒一五一-〇〇五一 東京都渋谷区千駄ヶ谷四-九-七
電話 〇三-五四一一-六二一一(編集)
〇三-五四一一-六二二二(営業)
公式HP https://www.gentosha.co.jp/

ブックデザイン 鈴木成一デザイン室
印刷・製本所 中央精版印刷株式会社

Printed in Japan ISBN978-4-344-98702-9 C0295
ほ-10-1

*この本に関するご意見・ご感想は、左記アンケートフォームからお寄せください。
https://www.gentosha.co.jp/e/